中国5県

山辺・野辺・海辺・川辺への道

80コース

文・写真・地図
清水正弘

山辺への道 20コース

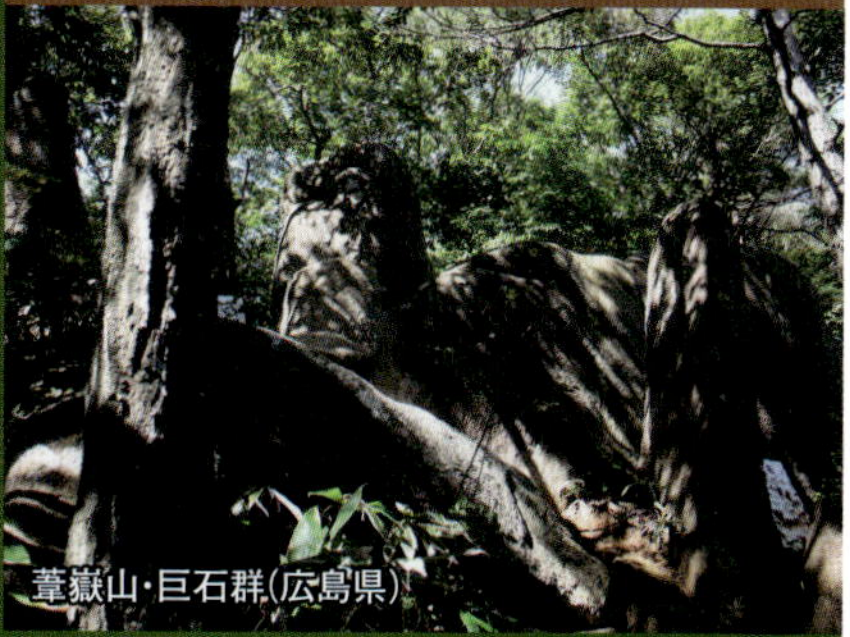
葦嶽山・巨石群(広島県)

野辺への道 20コース

鷲原八幡宮(島根県)

海辺への道 20コース

牛窓から小豆島を望む(岡山県)

川辺への道 20コース

二ツの滝(鳥取

南々社

表紙写真
右上／山辺への道・夕暮れの深入山(広島県)
右下／野辺への道・旧 JR安野駅(広島県)
左上／海辺への道・仙酔島(広島県)
左下／川辺への道・八重滝(島根県)

田植え前・油谷の棚田（山口県）

備中国分寺の春（岡山県）

「辺＝ほとり」歩きのススメ

場の霊力・山水世界

「山は静かにして性を養ひ、水は動いて情を慰す」（松尾芭蕉）

「性」とは人の心の本体、「情」は人の心の作用を意味している。静の山に向かえば心そのものがゆったりと養われ、動の水を眺めれば心の憂いが癒されるということである。芭蕉は逍遥の旅道中で、人の心身状態を健全にする場の力が、山水世界にあることを体得していたのだ。

「山紫水明」「花鳥風月」といった日本の風土を表現する言葉も、そんな自然が持つ漠然とした、掴みどころのない霊力を言霊《ことだま》に変えたものと考えられる。科学が万能でなかった時代の人間のほうが、自然の持つ霊力を素直に享受していたことだろう。森羅万象の出来事と交歓し合うなかから編み出された旅日記や歳時記、伝承物語には、人々の自然観や死生観、幸福感などのエッセンスが包み込まれている。そんな、場の霊力を感じる山水世界の多くは、日常とは対極にある「辺（ほとり）」の土地にある。

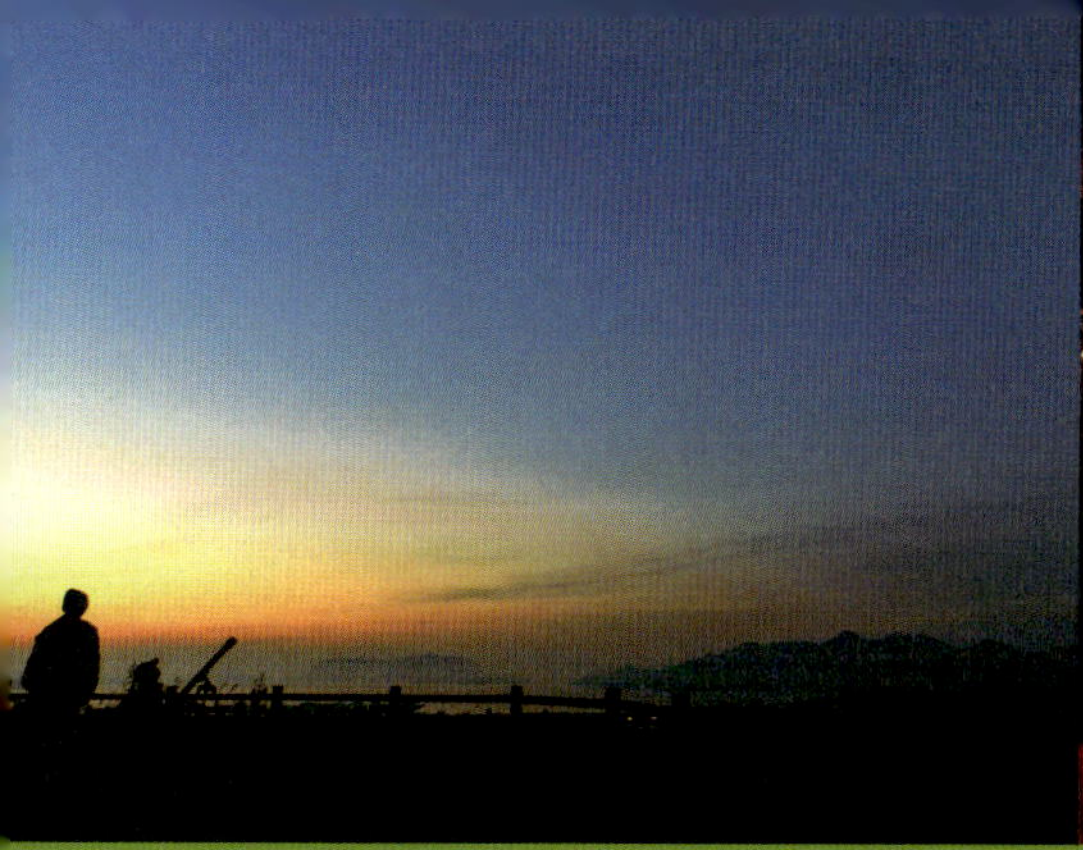

冬の早朝・宮島（広島県）

秋の奉納神楽舞（広島県）

「辺＝ほとり」とは

古代漢字学で著名な白川静氏は、「辺」の旧字体である「邊」の語源を紐解いた際、境界への呪禁とする意味も導き出している。すなわち異界・魔界、神域・聖域との接点としての場が、「辺＝ほとり」ということだ。古来より人は、日常と対極にある空間、「端っこ、へり、隅」への憧憬の念を抱いてきた。それは、信仰登山や熊野参詣、お遍路巡りなどの聖地への旅に象徴されている。しかし、非日常と接する場所はなにも聖地だけには限らなかった。万葉人は野辺や山辺に出かけ、心を遊ばせ歌を詠むことで、身辺の彩りを豊かにしてきたのである。その背景には、非日常との接点、「辺＝ほとり」が持っている場の霊力がある。

言ってみれば「辺の風景」とは、人間の魂を癒す原風景であり、なぜか郷愁をさそう景観ではないだろうか。その場に佇むと、先人たちの祈り、願い、憧れなどが無言のうちに蘇り、喧騒と多忙に消耗した自分自身が救済される思いがする。日常への内省を促してくれ、同時にひと時の安息も与えられる。そして蘇生、再生、復活への道へと導いてもくれるのだ。

本書では中国地方にある「辺の風景」を、山辺・野辺・海辺・川辺の4つに分けて80か所紹介している。

※本書に掲載した施設は、開館時間などが変わる場合もありますので、お出かけ前に宿・施設などにお確かめください。

目次

※**コースデータと地図の歩行時間の関係について**／両者の歩行時間の合計が一致していない山の多くは、復路の時間は往路よりも短縮できるためです。特に、勾配率が大きな山の同じ道の往復路では、上りと下りに要する時間に必ず差が出てきます。したがって、地図の往路の区間時間を足した総時間が、コースデータの徒歩総時間と同じにならない山もあります。

目次

野辺への道―20選

社寺仏閣・信仰聖地

棚田・草原・放牧地

目次

海辺への道──20選

島・海岸・浜辺

海辺の展望地

潮待ち・風待ちの港町

夕陽の名所

目次

川辺への道――20選

滝

峡谷

清流・源流の沢筋

湖・河川敷

隠岐諸島
西ノ島
60 西ノ島
50 枕木山
境港
松江
立久恵峡
米子
米子IC
大山山麓のブナ林
大山
20
6 船上山
65 大山滝
大山▲
11 75
木谷沢渓流
溝口IC
出雲IC
山陰自動車道
斐川IC
70
24 須佐神社
34 月山富田城
23 金屋子神社
5 玉峰山
鬼の舌震
69
4 船通山
雲南吉田IC
63 八重滝
73 大万木山山麓
1 比婆山
7 熊野神社・杉の巨木群
71 大鬼谷川
12 森林セラピーの森
高野IC
口和IC
中国横断自動車道・尾道松江線
庄原IC
三次
三次IC
三次東IC
東城IC
2 葦嶽山
66 帝釈峡
76 神龍湖
14 岳山
12 森林セラピーの森
広島県
世羅IC
福山西IC
福山東IC
笠岡IC
笠岡
佛通寺と昇雲の滝
新尾道
河内IC
本郷IC
山陽自動車道
21
三原
福山
西瀬戸尾道IC
35
57
東広島
47 筆影山
51 42 仙酔島
鞆の浦
尾道の町並み
浄土寺展望台
因島北IC
弘法寺山麓
13
大三島IC
53 蒲刈
56 恋が浜海水浴場・とびしま海道
52 御手洗
大島南IC
今治IC
今治湯ノ浦IC
愛媛県
いよ小松IC
松山
松山IC
松山自動車道
高知県
高知自動車道
徳島県
徳島自動車道
香川県
高松
坂出IC
高松自動車道
下津井 55
王子ケ岳
16
新倉敷
岡山
54 牛窓
山陽新幹線
山陽自動車道
岡山総社IC
岡山IC
山陽IC
和気IC
備前IC
3 鬼ノ城山
22 吉備津神社
高梁
38 高梁の町並み
32 備中松山城跡
賀陽IC
岡山県
中国横断自動車道 岡山米子線
北房JCT
落合JCT
院庄IC
津山IC
佐用JCT
中国縦貫自動車道
湯原IC
江府IC
29 三平山山麓
新庄川 78
蒜山IC
12 森林セラピーの森
10 岡山県立森林公園
倉吉
鳥取県
25 投げ入れ堂
白兎海岸
45
鳥取
中国横断自動車道・姫路鳥取線
智頭IC
智頭
40 智頭宿の町並み
64 12 森林セラピーの森
19 後山
二ツの滝
西粟倉IC

山辺・野辺 海辺・川辺への道 80選

エリアマップ

（上）県民の森へのアプローチ道
（下）山頂近くになると巨石が現れる

伝説・神話・昔話の郷

山辺　野辺　海辺　川辺

広島県

庄原市

比婆山《ひばやま》 1

国産みの女神・イザナミの御陵伝説

コースデータ

徒歩総時間：**4時間**
楽しめる期間：**4～11月**
お勧めの季節：**紅葉**
歩行距離：**8キロ**
標高：**1264m**
標高差：**460m**

温泉データ

かんぽの郷 庄原さくら温泉
泉質：単純温泉
所在地：庄原市新庄町 281-1　☎0824-73-1800

最寄りの施設

ひろしま 県民の森
☎0824-84-2011
比婆山登山時にも活用できる、宿泊設備のある施設。四季折々、近隣のエリアでのイベントを開催している。ロビーでは、地域で撮影された写真展示会も行われる。

コースの特徴

古事記に「イザナミの神は……、比婆之山に葬《かくれまつ》りき」と記されていることから、この比婆山は古くから、国産みの女神（イザナミ神）の御陵＝墳墓があるという伝説の地となっている。その場所については諸説があり、決定的な証拠というのは存在していない。

しかし、それだけに、古代世界へのロマンが濃密に漂うエリアとなっている。江戸時代には、多くの参詣者がこの御陵を目指して麓《ふもと》から山頂へと連なって来たという。山頂付近にある、まるでストーンサークルのような一角は、その存在だけでも小宇宙世界を具現化しているかのようである。

昭和40年代には、県民の森の開発が始まり、現在では、そこから登りはじめる人が多くなっている。しかし、本来の参詣道は山の南側に位置する熊野神社をはじめ、東西南北からの4つのルートがあっ

（上）イザナミ神の御陵
（左）烏帽子山手前にて　（中）見事なブナの森　（右）登山口である県民の森

たとされている。山頂にある御陵といわれる一角への、まるで街道筋のような、南側からの最終アプローチ道は、その昔旅籠《はたご》などが連なっていたとも聞く。

一般的なルートは、県民の森から、出雲峠に至り、そこから烏帽子山《えぼしやま》を経て、山頂へと向かう道である。このコースの下山ルートは、越原越《おっぱらごえ》を経て帰る周回コースである。

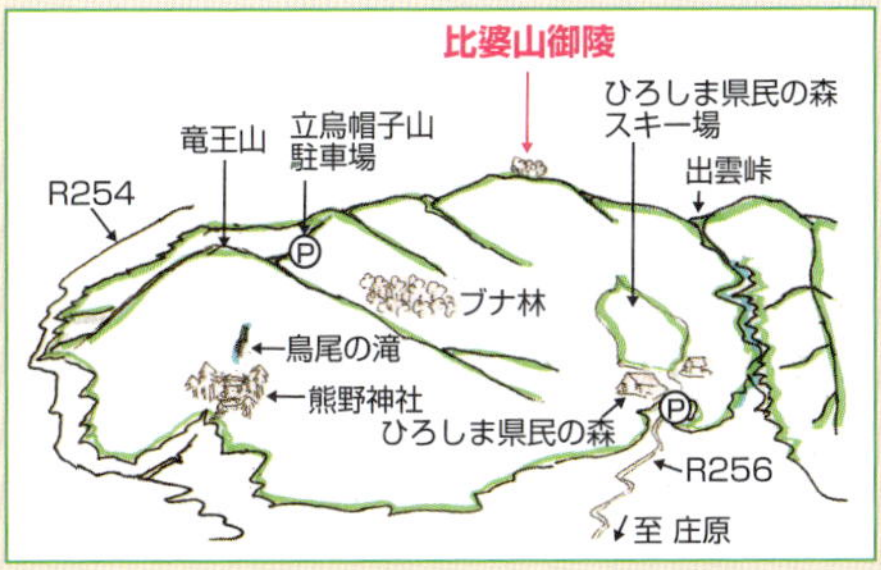

アクセス	中国自動車道・庄原 IC から登山口があるひろしま県民の森まで、車で約 60 分
問い合わせ先	庄原市観光協会 ☎ 0824-75-0173

（上）方位石などの巨石群
（下）葦嶽山山頂にて

伝説・神話・昔話の郷

山辺 野辺 海辺 川辺

広島県

庄原市

葦嶽山《あしだけやま》 2

ピラミッド伝説の残る、パワースポット

コースデータ

徒歩総時間：**4時間**
楽しめる期間：**4～11月**
お勧めの季節：**紅葉**
歩行距離：**7キロ**
標高：**815m**
標高差：**390m**

温泉データ

かんぽの郷 庄原さくら温泉
泉質：単純温泉
所在地：庄原市新庄町 281-1　☎0824-73-1800

最寄りの施設

ひろしま 県民の森
☎0824-84-2011
比婆山登山時にも活用できる、宿泊設備のある施設。四季折々、近隣のエリアでのイベントを開催している。ロビーでは、地域で撮影された写真展示会も行われる。

コースの特徴

ピラミッド伝説とは、１９３４年にピラミッド研究の大家であった酒井勝軍氏が、この山の山頂付近から直径約３ｍの太陽石と円形・方形それぞれの磐境《いわさか》を発掘したことに始まる。当時のメディアでは、世界最古のピラミッドの可能性が問われたりもした。現在は、訪れる人も僅かとなり往時の熱狂は遠い昔話となってしまっている。

しかし、実際に登ってみると、そこはまだまだワンダーランドが厳然と存在している。最近は、パワースポット巡りのために若い女性も登ってくる。山頂から続く尾根筋の鞍部《あんぶ》からさほど遠くない距離に、獅子岩、方位石などの巨石群は佇んでいる。主なアプローチゲートは２つ。灰原ルートでは、ある程度の標高まで自家用車でアプローチできるが、いったん葦嶽山山頂を乗り越さなければならない。

それに対して、多少登山行為は伴うが、

（上）葦嶽山山頂から
（左）獅子岩　（中）登山口からは緩やかな傾斜道　（右）灰原ルートの標識

野谷ルートでは、山頂への登頂を経ずしてこの巨石群に至ることができる。

今回は、この野谷ルートでの紹介である。登山口は、数台分の駐車が可能。すぐの小さな沢筋沿いに、樹林の中の道が続いていく。やがて、広い谷合筋の道をジグザグに登っていくと、尾根筋の鞍部にある東屋に到着である。巨石群は、この東屋から徒歩5分以内の距離にある。

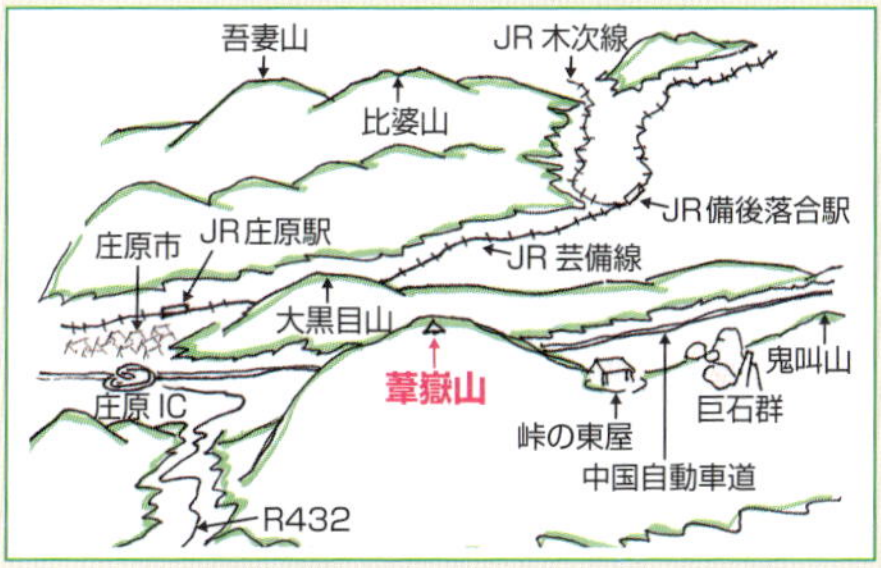

アクセス	中国自動車道・庄原 IC から登山口まで、車で約 30 分
問い合わせ先	庄原市観光協会 ☎ 0824-75-0173

（上）古代の建築に感嘆する時
（下）現在も再現工事が進んでいる

伝説・神話・昔話の郷

山辺　野辺　海辺　川辺

岡山県

総社市

鬼《き》ノ《の》城《じょう》山《さん》 3

桃太郎の鬼退治伝説の地

コースデータ

徒歩総時間：**3時間**　歩行距離：**3キロ**
楽しめる期間：**通年**　標高：**350m**　標高差：**50～100ｍ**
お勧めの季節：**3月菜の花、4月桜開花時期**

温泉データ

国民宿舎サンロード吉備路
泉質：アルカリ性単純温泉
所在地：総社市三須825-1　☎0866-90-0550

最寄りの施設

鬼城山ビジターセンター
☎0866-99-8566
朝鮮様式山城から発掘された遺物の展示や、遺構全体のジオラマを見学することができる。遺構を歩く前に、必ず訪れておこう。

コースの特徴

瀬戸内沿岸部を中心に、この鬼ノ城山のような朝鮮様式の山城跡が点在している。その中でも、この山城跡のスケールは別格。標高400m弱の、吉備平野を見下ろす里山の頂上部に、周囲を取り囲むような強固な城壁がある。その城壁の上を歩きながら一周し、さらに中央部分に残された遺構群を巡る。

まずは、城壁を西側から望む場所にある展望台へ。現在再現工事が進められている大きな西門が目に入ってくる。東西南北の四隅に、同じような城門があったことを想像すると、この山城のスケールの大きさが実感できる。西門から入城し、城壁沿いの見学道を南、東、そして北門方向へと回ってみよう。南に展開する吉備平野、その先に瀬戸内海までも見渡すことができる。各城壁には、水門も設けられ、往時の生活も偲ばれる。

最大のクライマックスは、城址中央部

（上）城壁の上を一周できる
（左）城壁の上を歩く　（中）西門から入城する　（右）西門を望む展望台

にある礎石群であろう。穀物倉の跡といわれるこれらの礎石群は、その大きさ故に、当時の城内人口までを推測したくなる。朝鮮半島からの渡来系である温羅《うら》一族の居城という説のある山城で、桃太郎の鬼退治世界にひと時、身を浸してみたいものである。

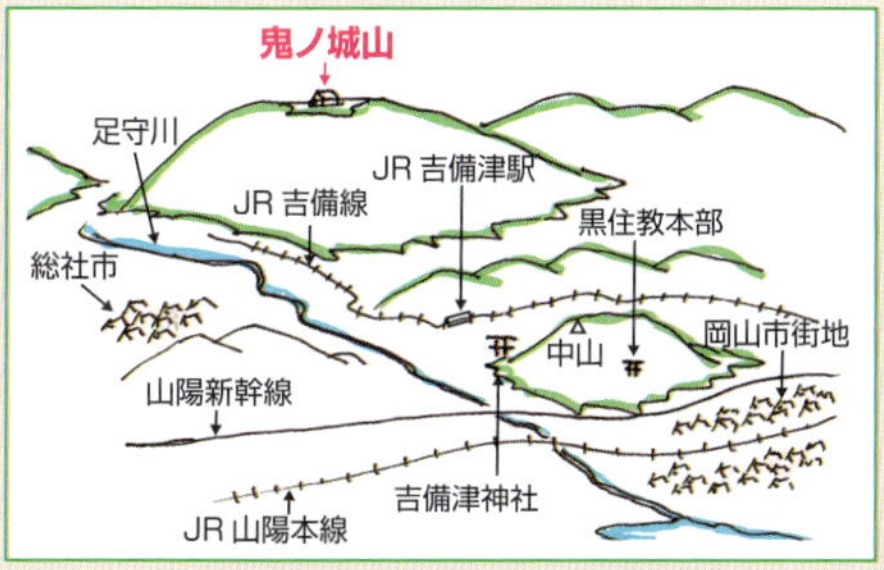

アクセス　山陽自動車道・倉敷ICから国道429号を経由、鬼城山ビジターセンターまで、車で約40分

問い合わせ先　鬼城山ビジターセンター
☎ 0866-99-8566

（上）山頂からの展望
（下）船通山山頂

伝説・神話・昔話の郷

山辺　野辺　海辺　川辺

島根県

仁多郡奥出雲町

船通山《せんつうざん》

4

ヤマタノオロチが棲息したといわれる滝

コースデータ

徒歩総時間：**4時間**　歩行距離：**9.5 キロ**
楽しめる期間：**4～11 月**　標高：**1142 m**　標高差：**530m**
お勧めの季節：**カタクリが咲く４月下旬、紅葉**

温泉データ

斐乃上温泉 斐乃上荘
泉質：アルカリ性単純温泉
所在地：仁多郡奥出雲町竹崎 488-1　☎ 0854-52-0234

最寄りの施設

道の駅 酒蔵奥出雲交流館　☎ 0854-57-0888
薬効が高いといわれる玉峰山の麓から湧き出る温泉水の自動販売スタンドがある。また、奥出雲地方にて収穫された酒米で醸造した「銘酒仁多米」や仁多米を使った本格焼酎「亀嵩」なども販売している。試飲コーナーがある。※登山口から車で 30 分。

コースの特徴

古代の出雲人からの伝承とされる物語がある。この山を源流とし、昔は出雲大社側へと注いでいた斐伊川。この斐伊川が降雨時にはよく氾濫し、暴れ川としてその名を馳せていたという。その暴れ川を、「ヤマタノオロチ」と置き換え、その氾濫する川を治水するための技能集団、もしくはその集団のリーダーを「スサノオの命」とする説である。

この斐伊川上流地域である奥出雲地方では、古来より「たたら製鉄」が営まれてきた。たたら製鉄は、河岸や山地を削り取り、川の水で篩《ふるい》に架けて良質の砂鉄を採取したのである。下流の農民にとっては、上流での掘削作業などから生じる水質や地形の変化による河川の汚濁や氾濫などが悩みの種であったかもしれない。

その氾濫する河川の象徴といわれる架空生物「ヤマタノオロチ」が棲んでいたと伝承される滝が、山腹にある。「鳥上《とりがみ》の

（上）山頂付近のカタクリ群生地
（左）可憐なカタクリ　（中）鳥上の滝　（右）標高 800 m付近からはブナの巨樹群

滝」である。斐乃上荘からは鳥上滝コースの登山路をとると、舗装道路・地道を経て滝まで約90分。しだいに勾配が急となっていき、滝から山頂までは60分。

復路は、亀石コースをとり斐乃上荘へと下ろう。4月下旬、山頂付近に咲くカタクリ群生地は、中国山地有数の必見の場所となる。

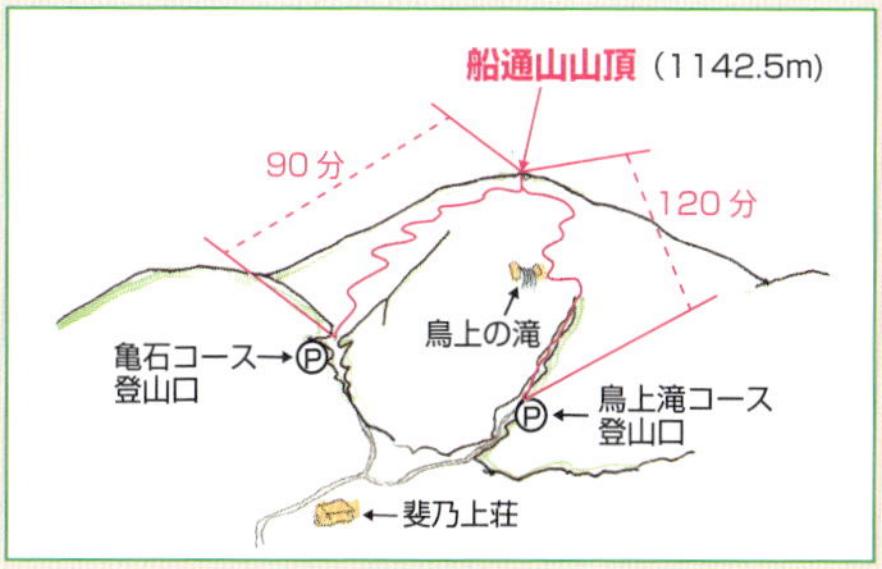

アクセス　中国横断自動車道尾道松江線・高野 IC から国道 432 号、314 号、県道 108 号を経て車で約 60 分

問い合わせ先　奥出雲町役場
☎ 0854-54-1221

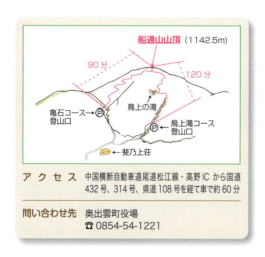

伝説・神話・昔話の郷

山辺 野辺 海辺 川辺

島根県

仁多郡奥出雲町

玉峰山《たまみねさん》 5

玉造《たまつくり》の神が宿る里山

（上）昔日に思いを馳せる時
（下）下山ルート

コースデータ

徒歩総時間：**4.5 時間**　歩行距離：**4.5 キロ**
楽しめる期間：**5～11 月**　標高：**820m**
お勧めの季節：**10月下旬～11月初旬**　標高差：**420m**

温泉データ

亀嵩《かめだけ》温泉 玉峰山荘
泉質：アルカリ性単純温泉
所在地：仁多郡奥出雲町亀嵩 3609-1　☎ 0854-57-0800

最寄りの施設

道の駅 酒蔵奥出雲交流館　☎ 0854-57-0888
薬効が高いといわれる玉峰山の麓から湧き出る温泉水の自動販売スタンドがある。また、奥出雲地方にて収穫された酒米で醸造した「銘酒仁多米」や仁多米を使った本格焼酎「亀嵩」なども販売している。試飲コーナーがある。※登山口から車で5分の至近距離。

コースの特徴

この山に宿るとされていた、玉造りの神は「出雲国風土記」に記されている。もちろん、山陰海岸近くにある玉造温泉の「玉造」と深い関連性を持っている。この山を歩いていると、冷厳な滝、清澄な沢筋、さらには威容を誇る巨石群など、山の持つ「霊力」に圧倒される。先史・古代の日本における装身具の1つである「勾玉《まがたま》」は、祭祀にも用いられた。その勾玉の原石を産出する場所ともいわれるのが、この里山なのである。

冷厳な滝との出合いは、歩きはじめてすぐに訪れる。森の木々にマイナスイオンを降り注ぐ「雄滝《おだき》」が、登山者の心身をまず浄化してくれる。さらに階段状の坂を上ってゆくと、人工林の中の道がしだいに勾配を上げながら巨岩群の森へとつながってゆく。まるでそこは古代の巨石文明に触れるワンダーランドである。いくつかの巨岩のそばを抜けていくと、

（左）冷厳な滝・雄滝
（上）巨石群の森　（中）小窓岩　（下）清澄な空気の沢筋の道

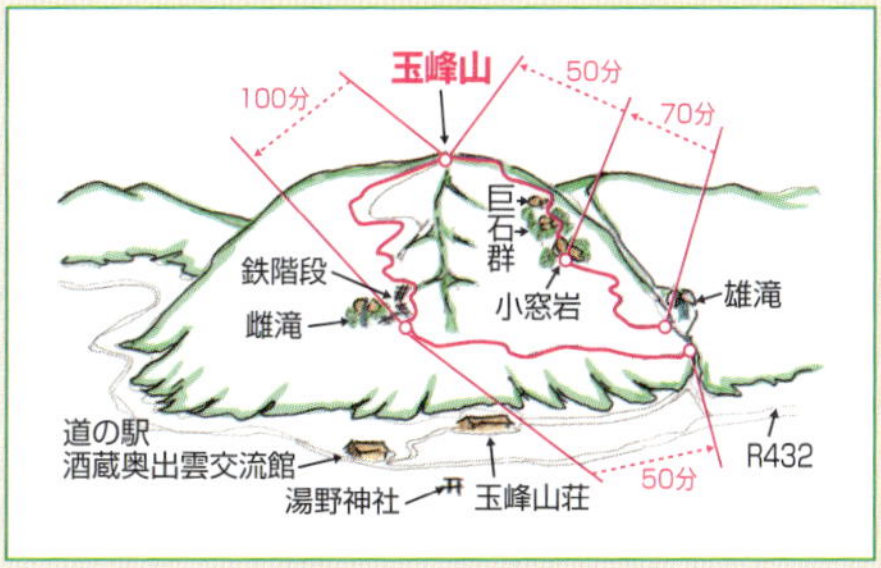

アクセス	中国横断自動車道尾道松江線・高野ICから国道432号を経て登山口まで、車で約60分
問い合わせ先	奥出雲町役場　☎0854-54-1221

やがて山頂に到達する。山頂からの展望は良好であり、三瓶山、大山、大万木山など中国山地の主要な山を遠望できる。

下山は雌滝方向への1991年に整備された尾根から迂回するコースをとる。途中にはいくつかの小さな滝の側を、鉄階段を使って降りていく場面が出てくる。

伝説・神話・昔話の郷

山辺　野辺　海辺　川辺

鳥取県

東伯郡琴浦町

船上山《せんじょうさん》 6

後醍醐天皇ゆかりの地

東坂コース上りはじめ

コースデータ

徒歩総時間：**3.5 時間**　楽しめる期間：**5 ～ 11 月**
お勧めの季節：**新緑 5 月、紅葉 10・11 月**
歩行距離：**5.2 キロ**　標高：**616 m**　標高差：**433 m**

温泉データ

淀江ゆめ温泉 白鳳《はくほう》の里
泉質：アルカリ性単純泉
所在地：米子市淀江町福岡 1547　☎ 0859-56-6798

最寄りの施設

道の駅 ポート赤崎
☎ 0858-49-2020
船上山からの帰路に立ち寄りたい道の駅。日本海の海産物と同時に、二十世紀梨、スイカなども購入できる。韓国をテーマにした風の丘公園や日韓友好資料館なども隣接地にある。

コースの特徴

この山の魅力の1つに、その奇怪な山容がある。遠目に見ても、周囲の山々の中でもひときわその姿は抜きんでている。登山口である少年自然の家から頂上方面を見上げると、「中国の仙境」のような断崖絶壁が屏風を開いたように迫ってくる。その絶壁の上部は、緑色の平坦な樹林帯で縁取りされている。

さらに歴史的魅力が加わる。この山は、和銅年間に智積上人らによって智積寺として開基されたと伝わり、平安仏教の山岳霊場として多くの人々の信仰を集めた場所でもある。その蒼々とした霊気の残り香が漂っている。南北朝時代には、この地の豪族・名和長年が隠岐を脱出した後醍醐天皇を迎え、船上山に行宮《あんぐう》を築いたとされている。

登山ルートは、少年自然の家から「野鳥の森」コースを断崖絶壁下の道路まで上る。そこには「東坂コース」の入り口

（上）船上神社　奥の院
（左）船上神社境内の大杉　（中）船上神社への平坦な道　（右）緑の樹海を抜ける道

標識がある。しばらく左手側に断崖が見えているが、次第に樹林の中のジグザグ道へと変化していく。東坂コース入り口から30分ほどで休憩所のある広場に出る。ここから船上神社、奥の院までは幅の広いほぼ平坦な道が続き、左右に僧坊《そうぼう》の礎石群などが点在している。

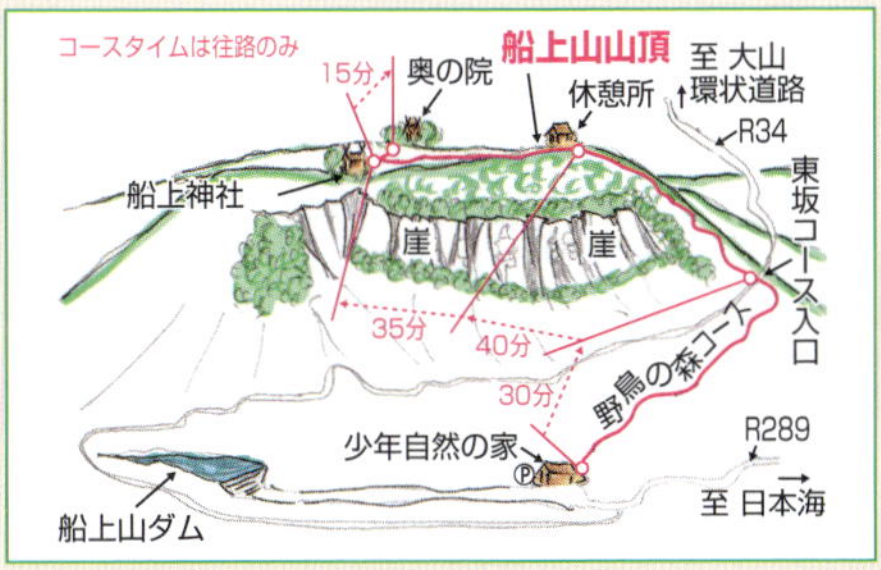

アクセス　米子自動車道・米子ICから、国道9号、大山環状道路34号を経由して、船上山少年自然の家まで車で約60分

問い合わせ先　琴浦町役場商工観光課
☎0858-55-7801

（上）鳥尾の滝
（下）二の宮

巨樹・癒しの森

山辺　野辺　海辺　川辺

広島県

庄原市

熊《くま》野《の》神《じん》社《じゃ》・杉の巨木群

比婆山御陵参詣の結界

7

コースデータ

徒歩総時間：**1時間**　楽しめる期間：**通年**
お勧めの季節：**早春、梅雨、初冬時期**
歩行距離：**1〜2キロ**　標高：**713m**　標高差：**50〜100m**

温泉データ

かんぽの郷 庄原さくら温泉
泉質：単純温泉
所在地：庄原市新庄町 281-1　☎ 0824-73-1800

最寄りの施設

イザナミ茶屋
☎ 0824-82-3502（冬期休業）
地元にて養った美麗な渓流魚ゴギが食べられるほか、熊野産の古代米を使ったご飯、旬の山菜や鶏そぼろなど、四季折々にメニューは変化する。

コースの特徴

神社境内に入ると、空気が一変する。それは、この神社の森が、聖地であった比婆山御陵（イザナミ神の墳墓という説がある）への参詣道途上の結界であった故かもしれない。江戸時代には、この社にお参りした後、森閑とした空気で身を清めたのであろう。そんな清浄な時間の蓄積が、この境内と森から濃密に感じられてくる。

特に杉の巨木群の中を歩いていると、遥か上部からの木漏れ日とともに、足下からも不思議なエネルギーに包まれる気がする。そのエネルギーの源とは、地中深くに張り巡らされた、巨木群の無数の根の生命力なのであろうか。霊山・比婆山への参詣道は、江戸時代にその繁栄期間を迎えている。ご神体の山を中心とし、東西南北の四方からのルートがあったようである。それぞれの参詣入り口には、結界的な場所があり、そこには、社や巨

(上) 広島県内有数の杉巨木
(左) 金蔵神社と磐境《いわさか》　(中) 拝殿への山門を抜ける　(右) 熊野神社境内

岩が残されている。

この神社の境内を散策するだけでも、日頃の心身の穢《けが》れが浄化される気分になれるが、さらに、境内から上部に約30分ほど登ると、鳥尾《ちょうのお》の滝に至ることができる。那智の滝と呼ばれ、遠く奥出雲にある里山・船通山山麓にある「鳥上《とりがみ》の滝」と深い歴史的なつながりがあるといわれている。

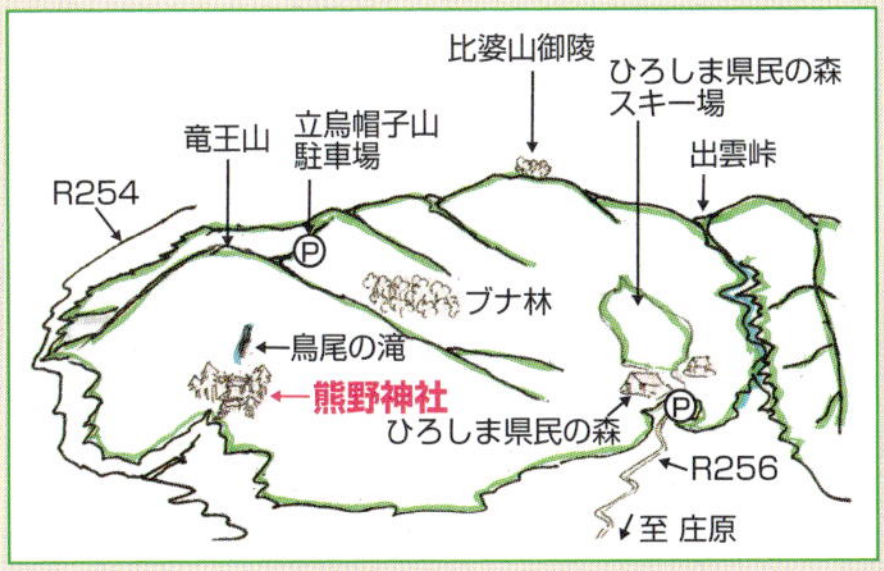

アクセス　中国自動車道・庄原 IC から熊野神社まで、車で約 60 分

問い合わせ先　庄原市観光協会
☎ 0824-75-0173

巨樹・癒しの森

山辺　野辺　海辺　川辺

広島県

山県郡安芸太田町

立岩山《たていわやま》から市間山《いちまやま》

8

樹の妖精たちが集う天空のブナ森

（上）最初のピーク・立岩山
（下）見上げると色彩世界

コースデータ

徒歩総時間：**6時間**　楽しめる期間：**5〜11月**
お勧めの季節：**11月初旬の紅葉**　歩行距離：**8キロ**
標高：**1108 m（市間山）**　標高差：**上り667 m、下り544 m**

温泉データ

グリーンスパ筒賀
泉質：単純温泉
所在地：山県郡安芸太田町中筒賀字才之峠 280　☎0826-32-2880

最寄りの施設

道の駅 来夢《らいむ》とごうち
☎0826-28-1800
中国自動車道・戸河内 IC を出るとすぐ。トイレなども完備。安芸太田町役場商工観光課もこの建物の中にあり、地域の観光情報などを取得できる。

コースの特徴

なんといっても、ルート上でのクライマックスは、市間山山頂手前30分程度にある、台形状のブナ林ではないだろうか。中国山地のブナ林の多くは、急峻な山の斜面などにあることが多い。それだけに、前後左右に見通しの効く、台形状の地形は、どこか欧州の森を彷彿とさせる。

想像してみてほしい。日本の田舎町にある、訪れる人も少ない、ほとんど無名に近いブナ林が、欧州の森にも匹敵するくらい、上質な気品を携えた美林となっているのである。どこか痛快で、嬉しくなってくる気分がする。まさに、妖精たちが集う天空の森、という称号がふさわしい。それだけにこの場所へ向かうには、それなりの体力と覚悟が必要となってくる。

まず、安芸太田町筒賀の坂原地区から登りはじめる。いきなりの急斜面は、訪れる人の覚悟を問うているかの如くである。いったん、稜線に出てからも、立岩

（上）台形状のブナ林　（左）欧州の森のようだ
（中）ルート上には種々の巨樹群がある　（右）登山口から約 30 分の場所にある巨樹

山から市間山へは、細かいアップダウンの連続である。いくつかの関門を経て市間山山頂手前まで来ると、必ずこの台形状の場所で休息をとってほしい。

春は新緑の香りが、夏は木漏れ日が、そして秋は舞い落ちる木々の葉が、ブナの妖精たちのささやきとなって降り注いでくるだろう。

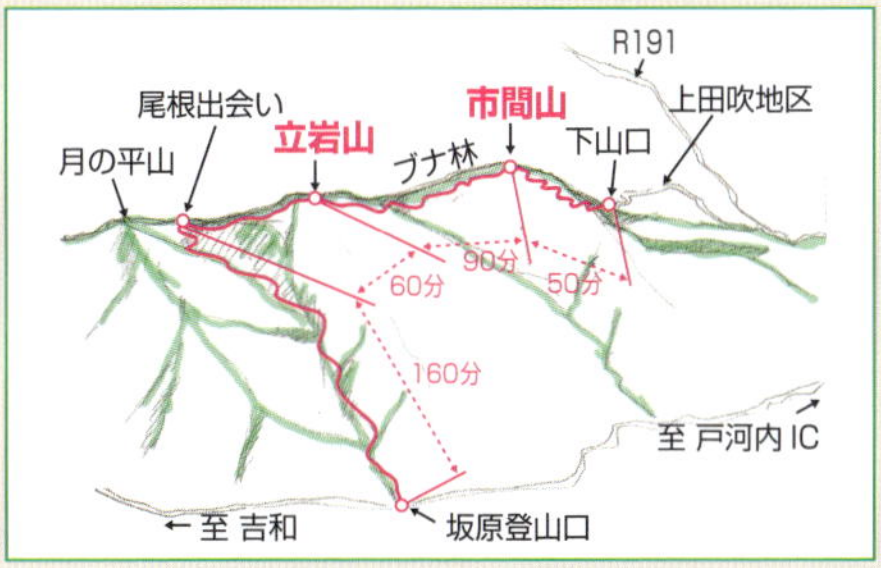

アクセス　中国自動車道・戸河内 IC から登山口まで、車で約 30 分。※紹介しているコースの場合には、車2台（登山口と下山口が異なるため）が必要。車1台の場合には、市間山のブナ林までの往復行程となる

問い合わせ先　安芸太田町役場商工観光課　☎ 0826-28-1961

寂地峡への道（春）

巨樹・癒しの森

山辺　野辺　海辺　川辺

山口県

岩国市

宇《う》佐《さ》八《はち》幡《まん》宮《ぐう》鎮守の森

9

樹齢900年を超す杉の巨樹に触れる森

コースデータ

徒歩総時間：**30分**	歩行距離：**1〜2キロ**
楽しめる期間：**通年**	標高：**470m**
お勧めの季節：**新緑、紅葉**	標高差：**ほとんど無し**

温泉データ

潮原《うしおばら》温泉 松かわ

泉質：強放射能泉

所在地：広島県廿日市市吉和 391-3　☎0829-77-2224

最寄りの施設

寂地峡案内所・やませみ

☎0827-74-0776（冬期休館）

宇佐八幡宮をはじめ、寂地峡（五竜の滝）を訪れる際の駐車場脇にある情報基地的場所。キャンプ場の管理情報や周辺散策案内マップも置いてあり、土地の収穫物などの購入も可能。

コースの特徴

この鎮守の森の魅力は、なんといっても樹齢９００年を超すともいわれる、杉の巨樹との出合いではないだろうか。夏には多くの人が訪れる寂地峡谷。その賑わいとは比して、別世界が歩いてすぐの場所に展開しているのである。大分県の宇佐神宮を総本宮とする、「八幡信仰」は、応神天皇のご聖徳を八幡神として称《たた》え奉《たてまつ》るとともに、仏教文化と我が国固有の神道を習合したものとも考えられている。

この地に建つ宇佐八幡宮は、鎌倉時代の１３１２年の創建とされ、全国各地にある八幡宮の中でも一際《ひときわ》、往時の風格を残している。その片鱗が、杉の巨木の森から感じられる。薄暗い参道を歩いていくと、前方に、どっしりと構える鳥居が現れる。鳥居の両脇には、杉の巨樹群が屹立《きつりつ》している。その姿はまるで本殿を警護する仁王像の如く、圧倒的な威厳さに

（上）樹齢 900 年を超す巨樹
（左）宇佐八幡宮への森　（中）風格を感じる本殿前の鳥居　（右）宇佐八幡宮の参道

満ちている。

　訪れた際には、境内だけでなく、杉の森をしばらく登ってみてほしい。害獣よけの柵を抜けてしばらく進むと、静かな広葉樹の森の中を五竜の滝上部へと行くこともできる。鎮守の森での森林浴と、日本滝百選に選ばれた滝での飛沫浴の両方を楽しめる。

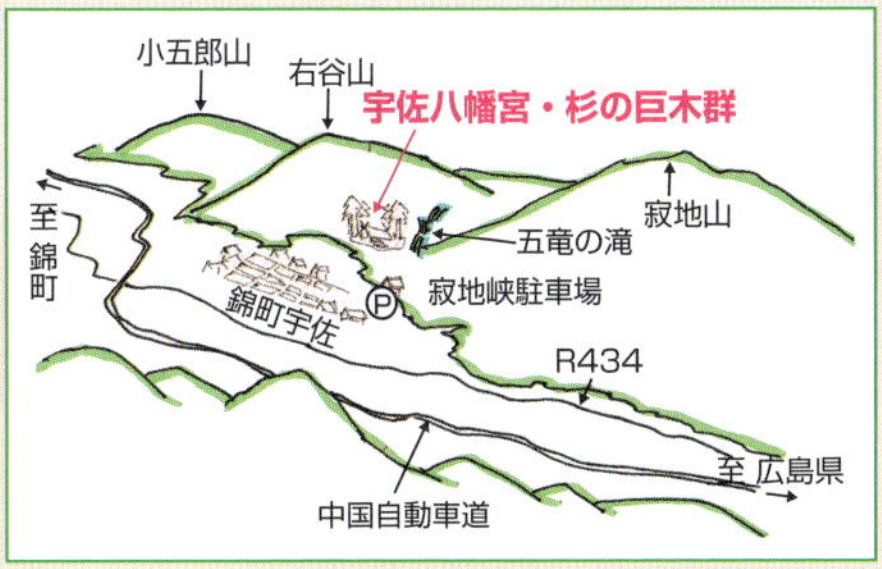

アクセス	中国自動車道・吉和 IC から車で約 40 分
問い合わせ先	岩国市役所錦総合支所地域振興課 ☎ 0827-72-2110

巨樹・癒しの森

山辺　野辺　海辺　川辺

岡山県

苫田郡鏡野町

岡山県立森林公園 10

中国地方有数の落葉広葉樹の楽園

（上）広葉樹の木の根道
（下）針葉樹の巨樹

コースデータ

徒歩総時間：**3〜5時間**　楽しめる期間：**4月下旬〜11月末**
お勧めの季節：**新緑、紅葉（10月中〜下旬）**　歩行距離：**ルートによる**
標高：**840ｍ（公園管理センター）**　標高差：**100m前後〜200m前後**

温泉データ

大釣温泉
泉質：アルカリ性単純温泉
所在地：苫田郡鏡野町奥津川西16-2　☎0868-52-0700

最寄りの施設

道の駅 奥津温泉
☎0868-52-7178
鏡野町内の農業生産者が産地直送で、地元野菜や米、お茶、餅などの加工品も販売。地元ならではの季節の味が魅力。近くに、秘湯・奥津温泉郷があり、森歩きの後には訪ねてみたい。

コースの特徴

全国各地で、明治１００年を記念する事業の一環として、１９６８年に公園用地を設定した以降、岡山県民だけでなく広く全国から訪問者を受け入れてきた。１９８６年には「森林浴の森１００選」に選ばれ、また１９９５年には、「水源の森１００選」にも選ばれている。

公園内は、甲子園球場の90倍の面積を誇り、至る所に落葉広葉樹の森が広がっている。湿原散策や滝の飛沫浴ができる場所、１千ｍを超すピークを結ぶ尾根筋もある。総合的な自然観察や癒しの散策歩き、そして縦走登山の目的地としても活用されている。

初心者へのお勧めコースは、公園入り口から熊押し滝、ぶなの平園地を経て、奥ぶなの平へと進む、森の中のトレイル歩きで、清冽な流れの沢筋道から、地上に張り巡らされた木の根の道、思わず見上げてしまうブナの巨樹の森など、短い

（上）奥ぶなの平
（左）森林浴の径《みち》　（中）熊押し滝上部　（右）公園管理センター内

時間の中でも変化に富んだコースである。

体力のある人には、１千ｍを超す園内最高峰・きたけ峰（１１０８ｍ）への登山コースもある。さらに、公園内の３つのピーク（すずのこ平、もみじ平、千軒平）を結ぶ尾根筋の縦走登山にも挑戦してほしい。

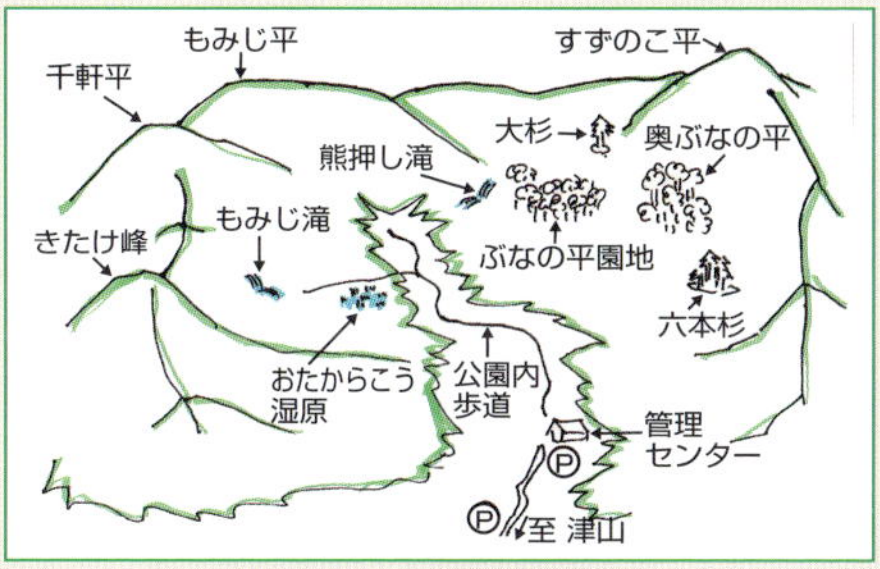

アクセス　中国自動車道・院庄 IC から国道 482 号を経て、公園まで車で約 50 分

問い合わせ先　森林公園管理センター
☎ 0868-52-0928

巨樹・癒しの森

山辺　野辺　海辺　川辺

鳥取県

日野郡江府町

大山《だいせん》山麓のブナ林

森の恵みに抱かれる癒しのひととき

11

(上) 祈りの道・大山道
(下) 木谷沢渓流

コースデータ

徒歩総時間：**1時間**
楽しめる期間：**5～10月**
お勧めの季節：**新緑、紅葉**
歩行距離：**4～5キロ**
標高：**900m**
標高差：**100m～200m**

温泉データ

休暇村 蒜山《ひるぜん》高原
泉質：単純弱放射能泉
所在地：真庭市蒜山上福田 1205-281　☎0867-66-2501

最寄りの施設

休暇村 蒜山高原
☎0867-66-2501
山の東側に位置する、蒜山高原にある。敷地内には、ハーブガーデンもあり休息をとるには最適。宿泊、入浴も可能。ここに宿泊をし、大山山麓と蒜山高原の2か所を巡ることもできる。

コースの特徴

大山は日本百名山の1つとして名高いが、それ以上に、古来、霊山としての信仰を集めた山域としてその名を知られてきた。そんな「信仰の山」の空気感を色濃く残しているのが、この森ではないだろうか。一般登山ルートは季節を問わず人の往来が多く賑わっているが、この森は、ひっそりとした静寂さに全身が包まれる心地よさがある。

訪れる前後には、森の近くにある木谷沢渓流の散策もお勧めしたい。この渓流は、霊山のブナ林を水源としている。その清冽《せいれつ》な流れでまず身を清め、禊《みそぎ》をしてから森に入るのも一興である。

森へのアプローチは、まず大山周回道路上にある鍵掛峠方面へと向かう。鍵掛峠から文殊堂へ行く道路の途中に、文殊谷に入る標識の立つ数台分の駐車スペースがある。駐車スペースから、緩やかな上り坂の道が森の奥へと誘導してくれる。

（上）ブナの美林の中を歩く
（左）まるで密林のよう　（中）大山を望む鍵掛峠　（右）緑の樹海

明るく開けた沢筋の道がしばらく続くが、しだいに道幅が狭くなってくる。森の静《せい》謐《ひつ》さがいよいよ深まってくる。

新緑時期は緑の海を漂っているような感覚も味わえる。そして紅葉の秋には、黄色（ブナの葉の色づき）のお伽の国に迷い込んだような気分にさせてくれるのである。

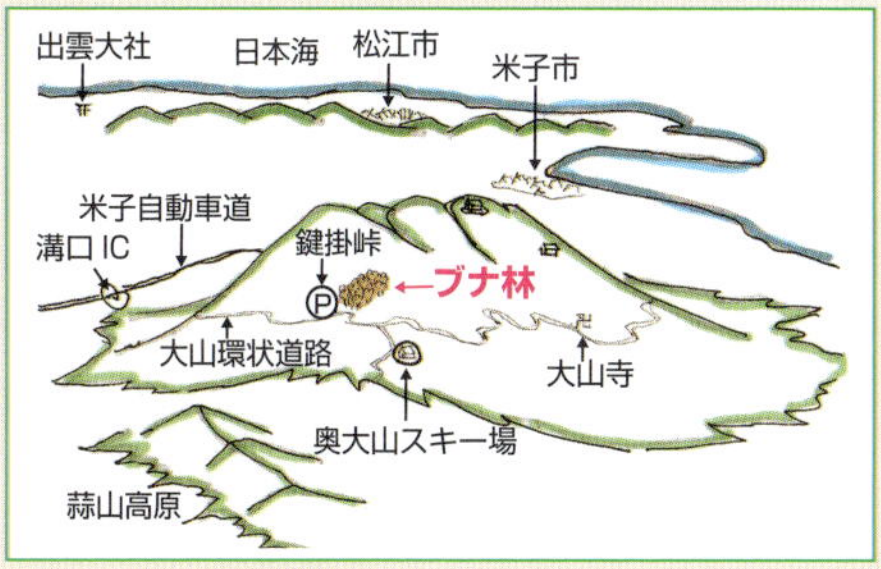

アクセス　米子自動車道・蒜山 IC から桝水高原経由、歩きはじめポイントまで、車で約 80 分

問い合わせ先　大山町観光案内所
☎ 0859-52-2502

巨樹・癒しの森

山辺　野辺　海辺　川辺

中国５県

中国５県

森林セラピー®の森

森の恵みを五感で享受する各県の森

12

広島県安芸太田町のセラピーロード

コースデータ

徒歩総時間：――　楽しめる期間：**4～11月**

お勧めの季節：**新緑、盛夏、紅葉**　歩行距離：**場所により異なる**

標高：**場所により異なる**　標高差：**場所により異なるが、50～100m**

温泉データ

場所により異なる

問い合わせ先

鳥取県／智頭町観光協会（☎0858-76-1111）

島根県／森のホテル「もりのす」（☎0854-76-3119）

岡山県／新庄村役場産業建設課（☎0867-56-2628）

山口県／山口市徳地農林振興事務所（☎0835-52-1122）

広島県／安芸太田町役場商工観光課（☎0826-28-1961）

神石高原町観光協会（☎0847-85-2201）

コースの特徴

森林セラピーとは、登山やハイキングとは異なる自然の中でのアクティビティである。いってみれば、医学的根拠に裏付けされた森林浴といってもいいだろう。それは、森の中での各種行為を楽しみながら、心と体の健康維持・増進、病気の予防を行うことを目的としているのである。

具体的には、森林の中でヨガや各種呼吸法、瞑想やアロマテラピーなどを組み込んだ心のリラクセーション・プログラムや、森林ウォーキングやノルディックウォーキングの運動系の身体フィットネス・プログラムなどが用意されている。また、食にも工夫がされており、森林の近くで温泉やヘルシーな郷土料理を楽しめたり、医師と連携して健康相談を行う森もあったりする。

現在（２０１６年初頭）では、日本全国に60前後の森林セラピーを楽しめる「森

（上）島根県飯南町の森　（左）鳥取県智頭町の森　（中）唾液アミラーゼ検査によるストレスチェック
（右）森林セラピー基地認定実験（広島県安芸太田町）

林セラピーの森」が各県に設置されている。中国地方では、各県1か所（広島県のみ2か所）がある。その森には、森林セラピー財団が認定をした、「森林セラピー基地」や「森林セラピーロード」がある。そこは、現地と都市部で比較実験を行い、癒しの効果・病気の予防効果を科学的に実証実験された森。新しい森の楽しみ方を各地の森林セラピー基地は提案している。

アクセス　各地の問い合わせ先へご連絡ください

問い合わせ先　森林セラピーソサエティ
http://www.fo-society.jp/tsuushin/

冬には氷瀑となる玉簾の滝

巨岩・巨石

山辺　野辺　海辺　川辺

広島県

呉市

弘《こう》法《ぼう》寺《じ》山麓

巨岩が雪崩のように斜面を覆う

13

コースデータ

徒歩総時間：**1時間**
楽しめる期間：**通年**
お勧めの季節：**4月の桜開花時期**
歩行距離：**3キロ**
標高：**700m 前後**
標高差：**50 ～ 100 m**

温泉データ

昭和温泉郷 湯楽里
泉質：低張性中性冷鉱泉
所在地：呉市広古新開 3- 2-28　☎ 0823-73-1126

最寄りの施設

野路山 伊音城 弘法寺
☎ 0823-87-3880
弘法大師空海が 19 歳、49 歳の2度にわたり、本堂奥の岩窟で修行したと伝わる。地元・安浦地区の有志により、近年、寺院周囲の整備が進み、各種行事も復活されてきた。

コースの特徴

ここで紹介する主な場所は、２か所である。まず、野呂山系山塊の麓を走る道・さざなみスカイライン沿いにある「岩海」。さざなみスカイライン道の８合目付近に入り口がある。数台分の駐車スペースがある。そこから散策遊歩道を歩くとすぐに、岩雪崩の景観が現れてくる。火山岩の転石や巨石が密集して山の斜面を埋め尽くしている。

また、遊歩道沿いも季節に応じてさまざまな彩を見せてくれる。ツバキ、山桜、そして紅葉と、眼下に広がる美しい瀬戸内海の多島美とのコラボレーションを楽しみながら歩くことができる。

もう１つは、さざなみスカイラインにて野呂山ビジターセンターを経て、さらに奥にある弘法寺まで向かう。寺の周囲には、巨岩が林立し、中国の仙境を思わせる。空海が修行したとされる岩窟のある巨岩そのものが、本堂の一部ともなっ

（上）弘法寺山麓からの瀬戸内海　（左）空海修行伝説の岩窟
（中）幽玄な佇まいの弘法寺　（右）岩海（岩雪崩景観）の先には瀬戸内海

ている。鐘楼上部の展望スペースからは、遠く四国の山並み、眼下にはとびしま海道の島々が展開している。

弘法寺近くまでは車でもアプローチできるので、ぜひ時間をとって寺の下部あたりの周遊散策コースを歩いてみたいものである。巨岩群の中に、小さな石仏群が安置されており、穏やかな気分に浸れることだろう。

アクセス　呉駅前から国道 185 号経由、さざなみスカイラインを経て、岩海入り口まで車で約 90 分

問い合わせ先　呉市役所安浦市民センター
☎0823-84-2261

（上）鬼蔵釜の岩海
（下）夏は緑のジャングルともなる

巨岩・巨石

山辺　野辺　海辺　川辺

広島県

府中市

岳《だけ》山《やま》

14

大地に還流するエネルギーを体感

コースデータ

徒歩総時間：**3時間（山頂往復）**　楽しめる期間：**通年**
お勧めの季節：**新緑、紅葉**　標高：**739 m（山頂）**
歩行距離：**3．2キロ（山頂往復）**　標高差：**309m**

温泉データ

矢野温泉あやめ
泉質：放射性ラジウム泉
所在地：府中市上下町矢野 691-2　☎0847-62-8060

最寄りの施設

矢野温泉公園 四季の里　☎0847-62-4990
5～6月にかけては、花菖蒲やアヤメ、ジャーマンアイリスなど 500 種類以上の花々が咲き誇るあやめ園がある。また、木工体験教室や手打ちそば打ち体験プログラム、オートキャンプ場もあるので、家族連れでも十分満喫できる。

コースの特徴

広島県内にある、「岩海」といわれる特異な地形の中でも、おそらくこの場所が一番知名度が低いであろう。しかし、それだけに、静かに大地のエネルギースポットと触れ合うことができる。この山には多くの奇岩群が点在し、「国引岩」「屏風岩」「妙剣」「どどろ岩」、そして「鬼蔵釜」などといった力強くも、神秘的に感じられる名前が命名されている。

その奇岩群が形成する景観は、世羅台地面が形成されたときだと推測されている。この場所は、台地面より標高が高い残丘として残り、その斜面が浸食され表層の真砂土が取り除かれた結果、地中にある核岩が集積したものと考えられている。それだけに、点在する奇岩、巨岩群からは、大地が放散するエネルギーに満ち溢れている。

奇岩群に出合うルートの主な入り口は2つある。どちらから入り、他方へと抜

（左）五郎岩からは瀬戸内海まで見える　（上）主要登山口は２か所
（中）森閑とした場所が連続する　（下）ルート上にはしっかりとした道標がある

ける縦走登山も面白いが、マイカーで行く際には往復路同じルート、もしくは周回コースをとらざるを得ない。しかし、いずれのコースも、目を瞠《みは》る厳粛で壮大な景観が眼前に展開する。ルート上にはしっかりとした道標が各所にあるので、安心して入山することができる。

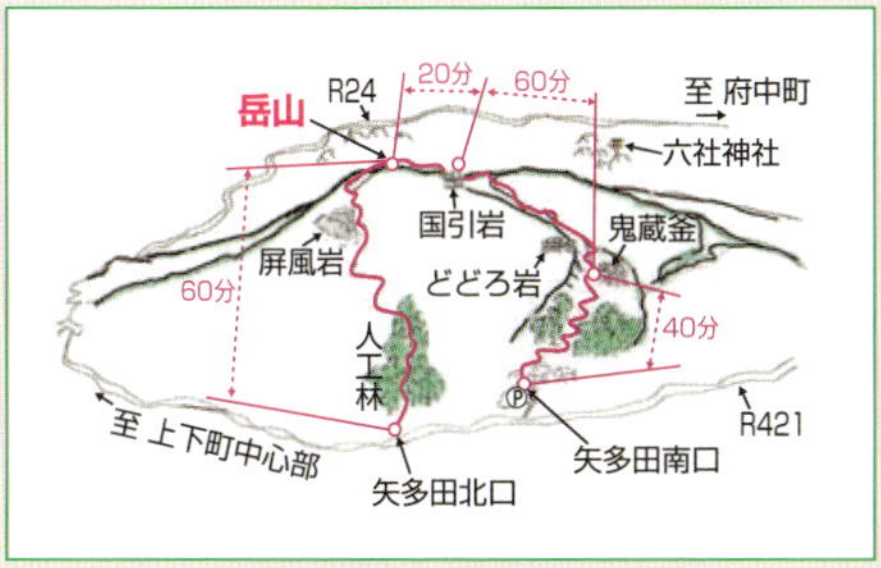

アクセス　中国横断自動車道尾道松江線・世羅 IC から国道 432 号・県道 421 号を経て、登山口・矢多田（南口）まで車で1時間以内

問い合わせ先　府中市観光協会　☎ 0847-43-7135

巨岩・巨石

山辺　野辺　海辺　川辺

山口県

防府市

右田ケ岳《みぎたがだけ》の巨岩群

維新の志士たちにとって目印ともなった奇岩群

15

（上）大岩の下を通過する
（下）下山後に見上げる稜線筋

コースデータ

徒歩総時間：**4時間**	歩行距離：**4.8 キロ**
楽しめる期間：**通年**	標高：**426 m**
お勧めの季節：**2月の梅開花時期**	標高差：**約 400 m**

温泉データ

江泊温泉和《やわらぎ》の湯
泉質：塩化物冷鉱物
所在地：防府市江泊 1942　☎0835-23-4126

最寄りの施設

防府天満宮
☎0835-23-7700
学問の神様とされる菅原道真公をお祀りする天満宮。2月の梅の開花時期には多くのにぎわいとなる。京都の北野天満宮、九州の太宰府天満宮と並んで、日本三天神の1つ。

コースの特徴

防府市内の山陽道を走行していると、北側にまるで欧州にある山岳城塞都市を彷彿とさせる、奇岩群の大パノラマが展開してくる。４００ｍ台にも関わらず、その景観は見る者を圧倒する迫力がある。瀬戸内海に面した里山の中で、これだけのアルプス的景観の中を登山できる場所はほかには見つからないだろう。

この圧巻の山岳景観は、幕末から明治にかけて疾風怒濤の如く時代を駆け巡った、長州藩の志士たちの目にも焼き付いていただろう。国道２６２号が通っている右田ケ岳の西の谷筋沿いは、萩と三田尻港を結ぶ「萩往還」のルートでもあった。志士たちは萩往還を通過するたびにこの山の姿を目にしていたはずである。

登山ルートはいくつもあるが、通称「天徳寺コース」から登り、「塔之岡コース」で下山するのがお勧め。登山口である天徳寺からはすぐに岩尾根歩きとなる。前

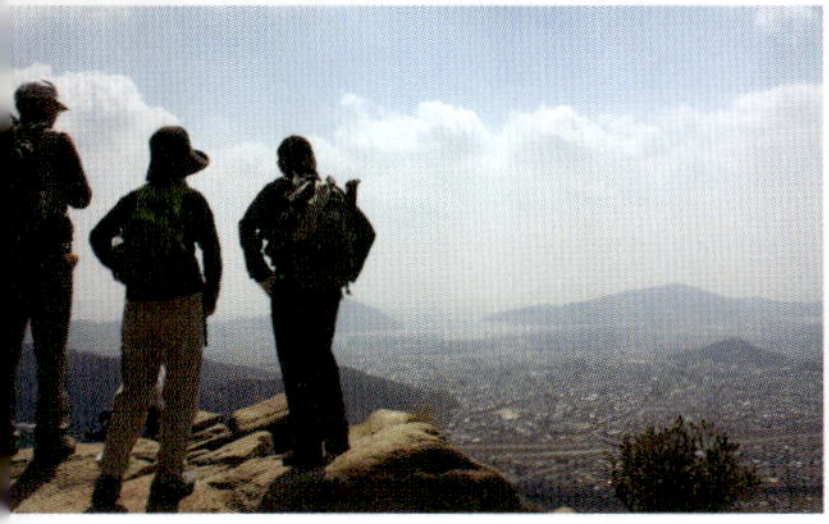

（上）山頂から西方向の展望
（左）山頂から防府市街地を望む　（中）往路途上からの防府市街地　（右）登山口

衛峰の岩峰を乗越しても、まだまだ岩尾根が連続する。山頂からは数か所ロープもある尾根筋の道を下山する。

標高が低い割には、岩稜地帯歩き、尾根筋歩きなど変化に富んだルートとなり、山頂付近からの瀬戸内海の大展望を含めて、道中飽きることがない。

アクセス	山陽自動車道・防府 IC から登山口である天徳寺近くまで車で約 10 分
問い合わせ先	防府市観光協会 ☎ 0835-25-2148

（上）奇岩群を下から見上げる
（下）きらめく瀬戸内海

巨岩・巨石

山辺　野辺　海辺　川辺

岡山県

倉敷市

王《おう》子《じ》ケ《が》岳《だけ》

16

百済から渡来した8人の王子伝説が残る地

コースデータ

徒歩総時間：**3時間**　楽しめる期間：**通年**
お勧めの季節：**冬の陽だまり季節**　歩行距離：**4.2 キロ**
標高：**234m（王子ケ岳山頂）**　標高差：**231 m**

温泉データ

ダイヤモンド瀬戸内マリンホテル
泉質：含弱放射能（冷鉱泉）
所在地：玉野市渋川 2-12-1　☎0863-81-2111

最寄りの施設

道の駅 みやま公園
☎0863-32-0115
本格的な英国庭園「深山イギリス庭園」などもある深山公園内の道の駅。地元の特産品をはじめ、各種トラベル情報も得ることができる。

コースの特徴

かつて、大陸や朝鮮半島とを結ぶ主要航路であった瀬戸内海。その瀬戸内海に面した里山には、大陸由来の伝説が数多く残されている。この里山・王子ケ岳の名前にもその伝説が隠されているといわれている。それは、百済姫の子どもである柴坂、坂手、筈割、峰、日、錫投げ、谷、瓶割の8王子がこの山に住んでいたという物語である。伝説ではあるが、この里山からほど近い「唐琴」という名の土地には、王子たちが海岸沿いの山岳地帯を開いたという民話も残されてもいる。

お勧めコースは、渋川海岸近くの登山口（王子ケ岳の東側入り口）からのルート。渋川海岸近くにある登山口にはしっかりとした標識があるので迷うことはない。最初の20分程度は勾配が急な坂だが、ここはゆっくりと、たまには後ろを振り返りながら歩いてほしい。岡山県沖の瀬戸内海の絶景が展開していることだろう。

（上）四国の山脈までを一望
（左）山頂付近から児島市街地を望む　（中）ニコニコ岩　（右）瀬戸大橋も一望できる

　いくつかのアップダウンを繰り返すうちに、前方や右手に奇岩群が現れはじめる。その景観はどこか大陸的な壮大さを感じさせてもくれる。そして、彼方には瀬戸大橋の姿や屋島、讃岐富士など香川県の山々から四国の脊梁《せきりょう》山脈までを眺めることのできる展望スペースにたどり着く。

アクセス	瀬戸中央自動車道・児島 IC から国道 430 号を経て、登山口まで車で約 30 分
問い合わせ先	倉敷市児島支所総務課 ☎ 086-473-1111

(上) 見晴らしのいい下山路
(下) 森林セラピーロードを歩く

各県最高峰

山辺 野辺 海辺 川辺

広島県・島根県

広島県山県郡安芸太田町・島根県益田市

恐《おそ》羅《ら》漢《かん》山《ざん》

17

広島・島根の境界線上にある最高峰

コースデータ

徒歩総時間：**3.5 時間**　楽しめる期間：**4〜11 月**
お勧めの季節：**新緑5月、紅葉 10 月**
歩行距離：**5キロ**　標高：**1364 m**　標高差：**376 m**

温泉データ

いこいの村ひろしま
泉質：セラミック温泉
所在地：広島県山県郡安芸太田町松原 1-1　☎ 0826-29-0011

最寄りの施設

道の駅 来夢《らいむ》とごうち
☎ 0826-28-1800
中国自動車道・戸河内 IC を出るとすぐ。トイレなども完備。安芸太田町役場商工観光課もこの建物の中にあり、地域の観光情報などを取得できる。

コースの特徴

2県の境界線上にある、両県の最高峰となる山は貴重といってもいいかもしれない。現在、登山口へは大規模林道が整備され、冬場でも安心して車でのアプローチが可能である。登山口は、キャンプ場に隣接し、駐車スペースも十分に確保されているので、家族連れなどの登山も楽しめる。その山名から近寄りがたい雰囲気を感じるかもしれないが、多様性を秘めた懐の深い里山でもある。

まず、登山口からは森の恵みがふんだんに感じられる道を夏焼峠へと向かう。この道は、森林セラピーロードともなっており、静かに散策する目的だけでも満足感を覚えることだろう。夏焼峠からは、しだいに勾配が急となってくる。山頂の手前10分程度の場所には、復路として使うスキー場への分岐点標識があるので、往路に確認しておきたい。

山頂には、巨石がどんと構えており、

(上) 多彩な植生を見ることができる
(左) 山頂にて　(中) 夏焼峠からの道　(右) 下山路はスキーゲレンデへと向かう

その上に登ると中国山地の大展望が眼前に展開する。復路は、前述の分岐標識からスキーゲレンデへと下ろう。このスキーゲレンデは、春～秋にかけて季節に応じた可憐な草花で彩られる。花を愛でながらの下り坂ほど楽しいものはない。気が付いたら下山口に到着していることだろう。

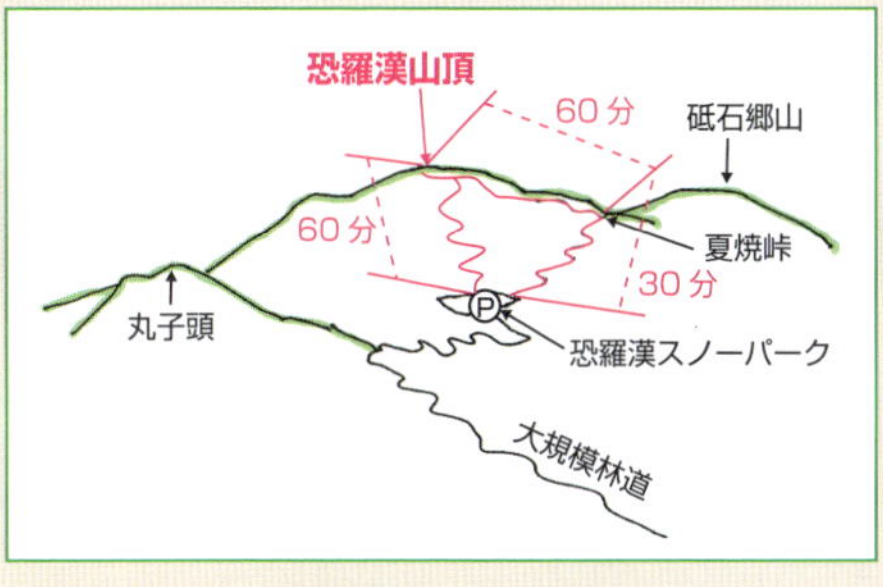

アクセス　中国自動車道・戸河内 IC から登山口までは車で約 60 分

問い合わせ先　安芸太田町役場商工観光課
☎ 0826-28-1961

各県最高峰

山辺 野辺 海辺 川辺

山口県

岩国市

寂地山《じゃくちやま》 18

可憐なカタクリの群生で有名

（上）五竜の滝中ほどを歩く
（下）寂地山山頂

コースデータ

徒歩総時間：**5時間**　楽しめる期間：**4～11月**
お勧めの季節：**4月下旬カタクリ、紅葉**
歩行距離：**12キロ**　標高：**1337m**　標高差：**約800m**

温泉データ

潮原《うしおばら》温泉 松かわ
泉質：単純放射能泉
所在地：広島県廿日市市吉和391-3　☎0829-77-2224

最寄りの施設

ウッドワン美術館
☎0829-40-3001（冬期休館）
近代日本の絵画やマイセン磁器などの展示、岸田劉生の「毛糸肩掛せる麗子肖像」などで知られる山間部の美術館。

コースの特徴

中国山地で著名なカタクリ群生地は、島根県・船通山とともに、必ずこの山が挙げられる。特に、隣接する右谷山からこの山へと続く尾根筋では、4月下旬に多くのカタクリ愛好者の姿を見ることができる。登山口は複数あるが、今回は五竜の滝沿いの道からのルートを紹介しよう。

まずは、寂地峡谷入口から五竜の滝へと平坦な道を進む。五竜の滝入り口にて清流の水で喉を潤した後、やや急な勾配ではあるが手すりの付いた遊歩道を滝の飛沫を浴びながら上っていく。滝の轟音に圧倒されながら上りつめると、岩をくり抜いたトンネル道となる。そこからは、ひたすら渓谷沿いの道をゆるやかに峠まで歩いていく。

右谷山との分岐を通過し、穏やかに連続する尾根道を寂地山山頂へと向かう。このあたりが、カタクリの群生地でもあり、秋には紅葉が見事な色彩で出迎えてくれる。山頂の手前10分程度の場所は、

（上）寂地山のカタクリ群生地
（左）右谷山との分岐点　（中）トンネル道　（右）五竜の滝核心部

ベンチがあり最後の休息をとっておこう。ここは、犬戻峡へと下る別ルートの分岐場所でもある。

夏場の山頂は展望は効かないが、冬ともなると葉を落とした木々の間から西中国山地の峰々が顔を出してくれるだろう。下山は往路をとっても良し、犬戻峡を経由して林道を歩いて出発点に戻るのもいいだろう。

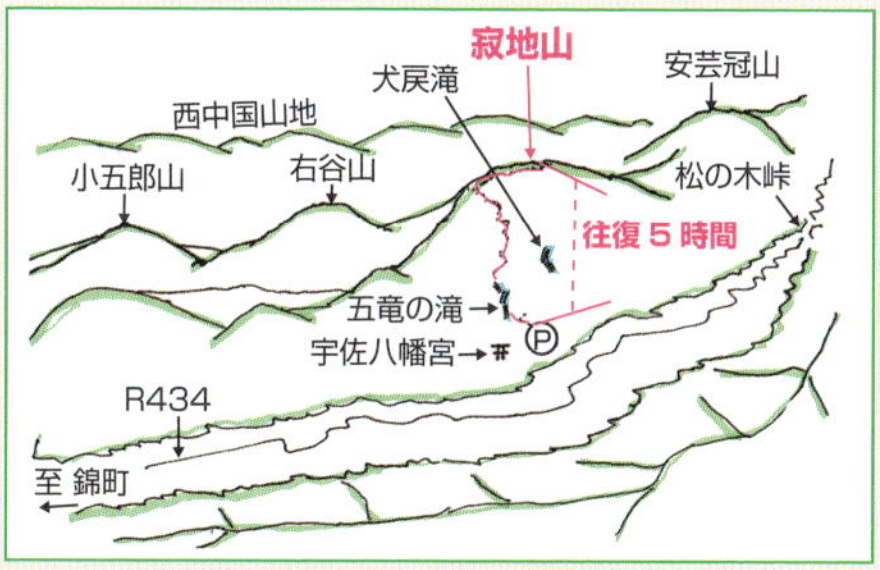

アクセス　中国自動車道・吉和 IC から車で約 30 分で登山口である寂地峡谷に着く

問い合わせ先　岩国市役所錦総合支所地域振興課
☎ 0827-72-2110

（上）山頂手前
（下）船木山からの最終アプローチ

各県最高峰

山辺　野辺　海辺　川辺

岡山県・兵庫県

岡山県美作市・兵庫県宍粟市

後山《うしろやま》

19

行者たちが修験をした霊峰

コースデータ
徒歩総時間：**4時間**　楽しめる期間：**5～11月**
お勧めの季節：**新緑5月、紅葉10～11月**
歩行距離：**4.2キロ**　標高：**1334m**　標高差：**635m**

温泉データ
愛の村パーク・ゆらりあ
泉質：単純温泉
所在地：岡山県美作市後山1872　☎0868-78-0202

最寄りの施設
後山キャンプ場
登山口に隣接する。遠方からのテント泊での登山などに有効活用できる。常駐スタッフはいないので、事前に確認（美作市東粟倉総合支所☎0868-78-3133）が必要。11月下旬～4月下旬は閉鎖。

コースの特徴

この山の魅力は、なんといっても古来、修験道の場として多くの行者《ぎょうじゃ》が歩いていたことにある。その静謐《せいひつ》な空気感が今でも漂っている。山道を歩いていると、そこかしこに「山の霊力」が感じられる、不思議な里山なのである。現在の地理的な背景として知っておきたいのは、東中国山地にまたがる、「氷ノ山《ひょうのせん》・後山・那岐《なぎ》山《さん》国定公園」指定エリアの一部ということである。

中腹から山頂にかけてのブナ林は、特別保護区域に指定されている見事な美林で四季折々の変化に富む。春から夏にかけては新緑の淡さや緑の樹海に目を奪われ、秋は山麓が繊細で優美な色に彩られ心が和むことだろう。

コースは後山キャンプ場から始まる。登山道は整備され、人工林の中の斜面をジグザグに登る。途中の沢筋には、「中国自然歩道・後山○○○m」といった案内

（上）船木山への尾根筋
（左）人工林の美林の中を通過する　（中）ジグザグの上り坂　（右）登山口付近

標識があるので行程の目安となり安心である。船木山へと続く尾根筋との分岐にも標識があり、やや広めのスペースとなっている。一休みした後、人工林沿いの見通しのきく広い上り坂を登ることになる。船木山頂上標識を過ぎると、再度穏やかな尾根筋道が後山山頂へと続いていく。

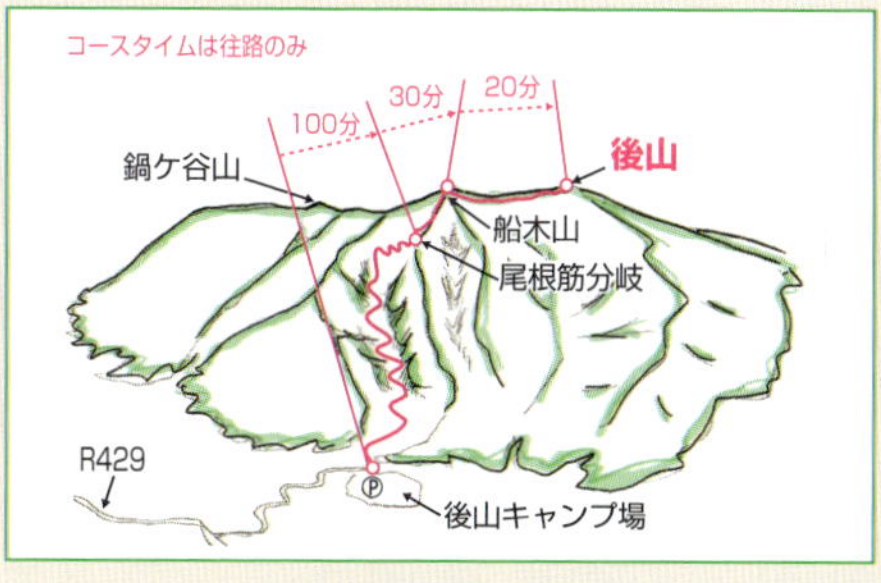

アクセス　中国自動車道・佐用ICから鳥取自動車道へ入り、大原ICから国道429号経由で「後山キャンプ場」まで車で約20分

問い合わせ先　美作市東粟倉総合支所　☎0868-78-3133

各県最高峰

山辺　野辺　海辺　川辺

鳥取県

西伯郡大山町

大山《だいせん》

20

日本百名山の一つ

（上）夕暮れ時の大山
（下）天候が急変しやすい山頂付近

コースデータ

徒歩総時間：**6時間**　楽しめる期間：**6～11月**
お勧めの季節：**新緑、紅葉**　歩行距離：**約10キロ**
標高：**1711m（弥山山頂）**　標高差：**約900m**

温泉データ

大山 火の神岳温泉 豪円湯院
泉質：弱アルカリ単純温泉
所在地：西伯郡大山町大山25　☎0859-48-6801

最寄りの施設

鳥取県立大山自然歴史館
☎0859-52-2327
大山の歴史的経過や、その成り立ち、多様な自然環境などが、わかりやすく展示されている。自然観察会も定期的に実施されているので、参加してみたいものである。

コースの特徴

初心者には、一般的なコースである「夏山登山道」の往復ルートをお勧めする。大山寺橋たもとには、登山届ポストが設置されているので、必ず提出してから入山したい。頂上までは「合目」の表示があるので、自分の現在位置が把握しやすいが、等距離に配分されていないので注意が必要である。

登山口から1合目までは約20分程度。そこからは急傾斜が6合目付近まで連続する。6合目には避難小屋があり、往復路ともに主な休息場となっている。7合目を過ぎる辺りから、視界が広がっていき、条件が整えば、日本海に延びる弓ケ浜の優美な曲線美も堪能できる。

9合目前後からは、自然保護のために設置された、木道の上を歩くことになる。頂上付近には、周回できる木道コースもあるので時間の余裕を見て散策も楽しみたい。

（上）美しい曲線美の弓ケ浜
（左）大山登山１合目　（中）大山山頂にて　（右）６合目避難小屋

注意点は、天候の急速な変化である。日本海に近い場所に位置しているので、雨風を含め天候の変化が頻繁に起こりやすい。気象条件が悪化すると、とたんに難易度の高い登山条件下におかれることになるので、甘く見ることなく、装備など準備には慎重を期したいものである。

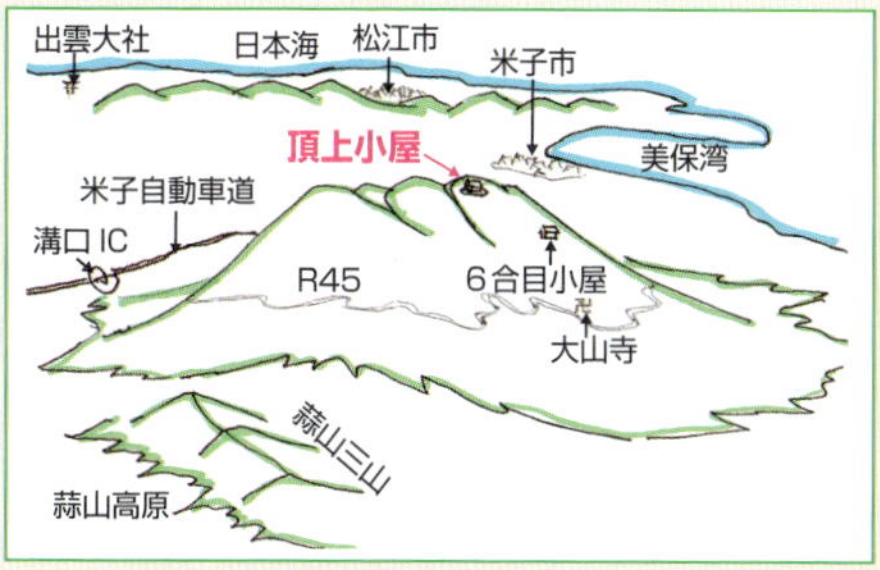

アクセス　米子自動車道・溝口 IC から大山方面へ車で約 45 分

問い合わせ先　大山町観光案内所
☎ 0859-52-2502

（上）境内
（下）昇雲の滝

社寺仏閣・信仰聖地

山辺　**野辺**　海辺　川辺

広島県

三原市

佛通寺《ぶっつうじ》と昇雲《しょううん》の滝《たき》

紅葉の名所であり、清流沿いの禅道場

21

コースデータ

徒歩総時間：**2.5 時間**　楽しめる期間：**通年**
お勧めの季節：**11 月初旬～中旬の紅葉**　歩行距離：**4～5キロ**
標高：**137 m（佛通寺）**　標高差：**100m 前後**

温泉データ

かんぽの宿たけはら
泉質：単純弱放射能冷鉱泉
所在地：竹原市西野町 442-2　☎ 0846-29-0141

最寄りの施設

道の駅 みはら神明の里　☎ 0848-63-8585
レストラン、土地の野菜、土産物などの充実度はもちろんだが、この施設の売りは、瀬戸内海の展望度にある。道の駅では珍しく、海を見下ろす高台の丘にある。しまなみ海道沿いの島々や、瀬戸内海の小さな島々を眺めながら一息つくことができる。

コースの特徴

佛通寺が創建されたのは、南北朝合一のすぐ後、應永4（1397）年のことである。沼田小早川家の小早川春平公が、従来の氏寺だった巨真《こまやま》寺とは別に、臨済宗の僧・愚中周及（佛徳大通禅師）を安芸国沼田荘に迎えたのがこの寺の始まりである。創建時には、沼田小早川家、竹原小早川家を含むほとんどの小早川氏庶流家が参集したといわれる。

寺院の名前は、佛徳大通禅師が中国に留学していた際の師である、佛通禅師の名前を基に命名されたという。応仁の乱以前の 小早川家一族繁栄時代には、寺勢も隆昌し 山内の塔中88か寺、西日本に末寺約3千か寺を数えたともいわれる名刹でもある。

また、寺院周辺は、広島県内有数の紅葉の名所であり、県立自然公園内に位置している。佛通寺の境内はもちろん、佛通寺川沿いの散策歩きをお勧めした

（上）見事な錦絵世界
（左）彩も鮮やか　（中）伽藍群への橋　（右）寺院散策の入り口

い。往時は京都の五山上位の南禅寺と同格扱いだったという伽藍《がらん》群とともに、佛通寺から徒歩30分の距離にある昇雲の滝も行ってみたい。落差80ｍの瀑布は、新緑や紅葉の時期には見事な絵図を展開してくれる。

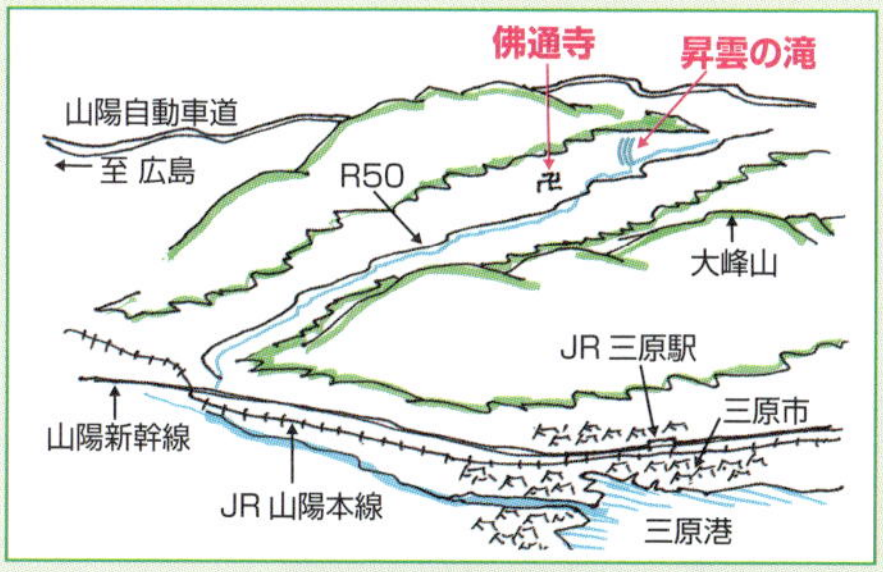

アクセス　山陽自動車道・三原久井ICから佛通寺方面へ車で約30分

問い合わせ先　三原観光協会
☎0848-63-1481

（上）見事な建築様式の神殿
（下）備中国分寺の春

社寺仏閣・信仰聖地

山辺　**野辺**　海辺　川辺

岡山県

岡山市

吉《き》備《び》津《つ》神《じん》社《じゃ》

22

桃太郎の鬼退治伝説の舞台

コースデータ

徒歩総時間：**1〜2時間**　楽しめる期間：**通年**
お勧めの季節：**正月3日矢立の神事、春の菜の花頃**
歩行距離：**1〜2キロ**　標高：**14ｍ**　標高差：**ほとんど無し**

温泉データ

国民宿舎サンロード吉備路
泉質：アルカリ性単純温泉
所在地：総社市三須 825-1　☎0866-90-0550

最寄りの施設

備中国分寺　☎0866-92-0037
聖武天皇の発願によって創建された全国にある国分寺の1つ。南北朝時代に焼失したが、江戸時代中期以降に現在の姿に再建された。圧巻は境内にそびえる五重塔。約35mの高さを誇る塔は、国指定の重要文化財。菜の花が咲く頃に吉備津神社と併せて訪れたい。

コースの特徴

この神社は、桃太郎の鬼退治伝説の舞台としてその名を知られているが、神殿の建築様式の美しさでも全国屈指である。建築学上では「比翼入母屋造」といわれる神殿造りは、全国で唯一の様式であり、「吉備津造り」としても知られる。神殿の内外には、直径約48㎝、高さ約6ｍの円柱が68本も使われている荘厳な佇まい。

記紀によれば、この神社の主祭神である、大吉備津彦大神は、崇神朝四道将軍として、吉備地方を平定し吉備文化の基礎をつくったとされる。一説には、吉備地方北部の山地に城を構えていた、百済からの渡来系民族を「鬼」に見立て、征伐に来た大吉備津彦を桃太郎としたのが、桃太郎の鬼退治のモデルといわれる。この神社から北西の方角に鬼ノ城と呼ばれる朝鮮式山城の石積城址があり、現在も発掘調査が継続されているので、新資料などが発見される可能性もあり、古代へ

（上）総延長 398m もある回廊への入り口付近　（上右下）矢立岩
（左）神社入り口　（中）神社の回廊　（右）鬼ノ城山にある温羅一族の碑

のロマンをかきたててくれる。

また、見逃してはいけないのは、戦国時代の建立とされる総延長３９８ｍの木造の回廊である。西陽の射す頃に、社殿付近から弓道場へとゆるやかに下る回廊を歩いているだけで、往時の吉備文化へと思いを馳せることができる。

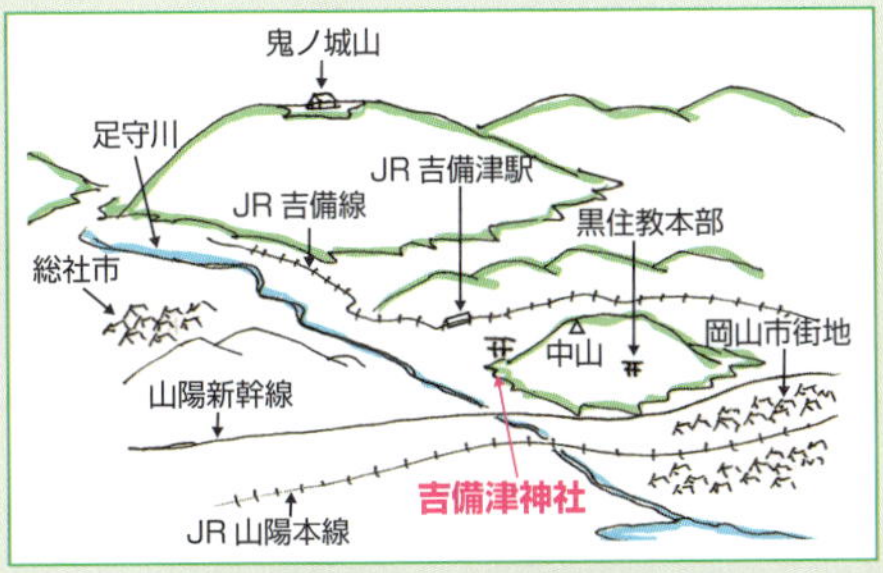

アクセス　岡山自動車道・岡山総社 IC から国道 180 号、県道 389 号を経て車で約 15 分

問い合わせ先　おかやま観光コンベンション協会
☎ 086-227-0015

社寺仏閣・信仰聖地

山辺　野辺　海辺　川辺

島根県

安来市

金屋子神社《かなやごじんじゃ》

23

たたら製鉄の神様を祀る総本社

（上）夏の金屋子神社
（下）冬の金屋子神社

コースデータ

徒歩総時間：**1～2時間**　楽しめる期間：**通年**
お勧めの季節：**冬季の積雪が少ない時期**　歩行距離：**2～3キロ**
標高：**420 m（神社）**　標高差：**50 ～ 100m 前後**

温泉データ

亀嵩《かめだけ》温泉玉峰山荘
泉質：アルカリ性単純温泉
所在地：仁多郡奥出雲町亀嵩 3609-1　☎ 0854-57-0800

最寄りの施設

道の駅 酒蔵奥出雲交流館
☎ 0854-57-0888
奥出雲酒造の敷地内にオープンした地元特産品販売および情報発信拠点施設。奥出雲の酒の試飲もできる。近くには玉峰山、湯の山神社など見どころが多くある。

コースの特徴

全国の刀鍛冶をはじめ鉄、金属関係者にとって聖地的存在である。それは、この神社に祀られている金屋子神《かなやごのかみ》に基づいた神話に起因している。通説では女神とされるが、男神とする説もあるこの神は、高天原から、雨乞いをしている村人に応えて、播磨国志相郡岩鍋（現在の兵庫県宍粟市千種町岩野邊）にまず天降ったといわれる。

そして、西方の民へ産鉄技術を伝えるために、白鷺に乗って、出雲国能義郡黒田奥比田（現在の金屋子神社の社地）の山林にある桂の木に舞い降り、自ら村下《むらげ》（鍛冶の技師長）となり、鍛冶の指導を行ったとされる。現在でも、この社には製鉄関係者の参詣が絶えない。特に、近接する島根県奥出雲町にある、日本で唯一のたたら工房「鳥上木炭銑工場」の技術者集団にとっては、特別の場所となっている。年に1度、日本刀の唯一の素材原料

（上）たたら製鉄の現場
（左）冬の奥出雲地方　（中）鳥上木炭銑工場　（右）神社裏手山林にある奥宮と桂の木

となる「玉鋼《たまはがね》」を産鉄する際での参詣は、厳粛さを伴う儀式である。

神社だけでなく、裏手の山林にある、金屋子神が舞い降りたといわれる桂の木にも足を伸ばしてみたい。冬の積雪がある時期に、濃密な静寂が漂い、いっそう身が引き締まる思いが体感できる。

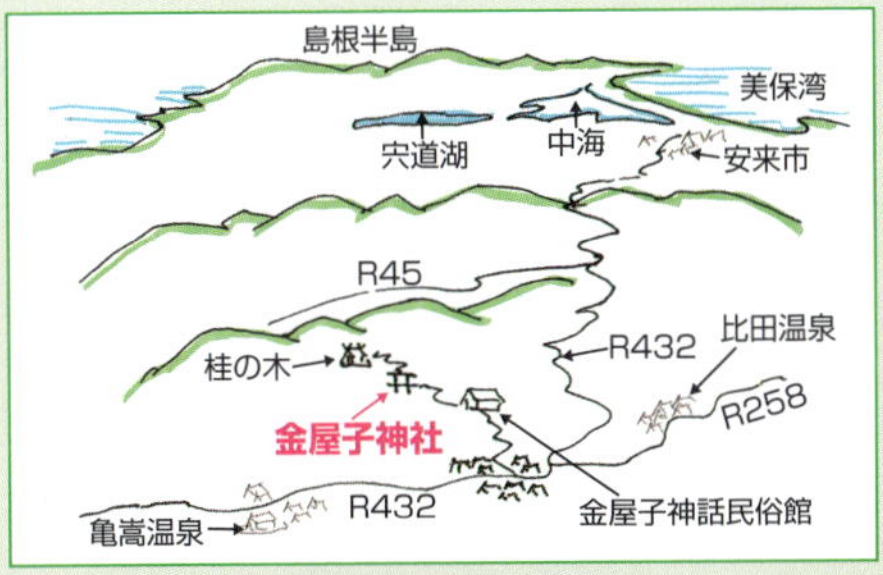

アクセス	中国横断自動車道尾道松江線・高野 IC から国道 432 号を経て、車で約 90 分
問い合わせ先	金屋子神話民俗館 ☎ 0854-34-0700

社寺仏閣・信仰聖地

山辺　野辺　海辺　川辺

島根県

出雲市

須《す》佐《さ》神《じん》社《じゃ》

24

日本有数のパワースポット

(上) 七不思議の湧き水
(下) 本殿

コースデータ

徒歩総時間：**1時間**　楽しめる期間：**通年**
お勧めの季節：**4月18日の大祭前後**　歩行距離：**約1キロ範囲**
標高：**110m 前後（須佐神社）**　標高差：**ほとんど無し**

温泉データ

出雲須佐温泉 ゆかり館
泉質：硫酸塩・塩化物泉
所在地：出雲市佐田町原田 737　☎ 0853-84-0800

最寄りの施設

道の駅 たたらば壱番地　☎ 0854-74-0018
地元産そば粉を100％使い、つなぎを使わない十割そばや手作り島根牛の牛すじカレーをはじめ、地元産の安心・安全な野菜を中心とした多彩なメニューも楽しめる。出雲地方を中心とする各種情報コーナーも充実。

コースの特徴

須佐之男命御魂鎮めの御社として知られ、出雲地方のみならず国内で最強のパワースポットといわれる。『出雲国風土記』の須佐郷の記述項には、須佐之男命が当地を終焉の地と定め、「この国は小さい国だがよい国だ。自分の名前は岩木ではなく土地につけよう」と申され、地名を「須佐」と命名し、自らの御魂を鎮めたとされる。

ヤマタノオロチを退治した英雄である神の終焉の地との説があるくらい、この地には秘められたエネルギーがあるのかもしれない。日本全国に須佐之男命ゆかりの神社は幾多もあるが、御魂を祀る神社は唯一この神社だという。『出雲国風土記』以外でも「延喜式」などでもその存在が確認できる歴史ある社だが、意外にもその立地や外観は、山あいの田園風景の中に立つ小さな神社なのである。

しかし、神社やその近くには「七不思議」

（上）圧倒的な存在感の大杉　（上右下）パワースポットの大杉
（左）須佐神社の七不思議　（中）神社正面　（右）神社核心部

といわれる、ミステリアスな物語を持つ場所が点在する。さらに、境内に入ると、絶えず不思議なパワーが満ちあふれていることを体感できるだろう。特に、社殿の背後にある、樹齢1300年前後と推定される大杉が、ほかの巨樹を圧倒する生命力で屹立《きつりつ》している。

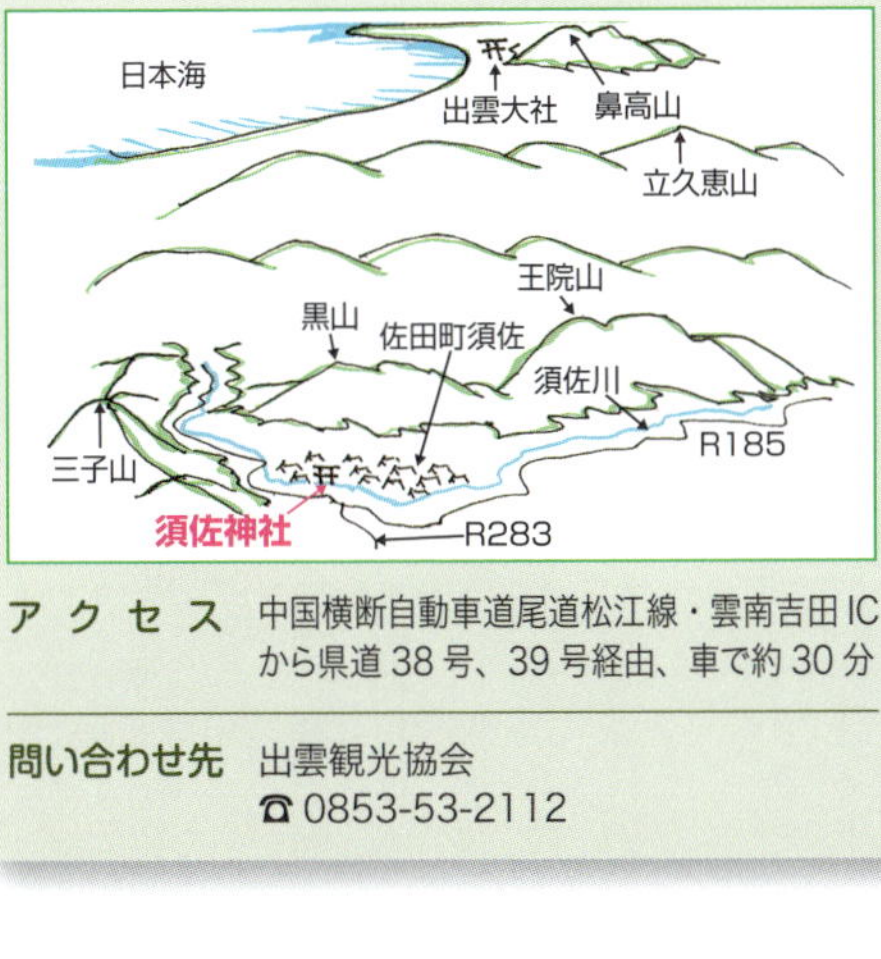

アクセス　中国横断自動車道尾道松江線・雲南吉田 IC から県道 38 号、39 号経由、車で約 30 分

問い合わせ先　出雲観光協会
☎ 0853-53-2112

急傾斜の山道

社寺仏閣・信仰聖地

山辺　野辺　海辺　川辺

鳥取県

東伯郡三朝町

投《な》げ入《い》れ堂《どう》

25

神と仏が宿る神聖な山域での修行道

コースデータ

徒歩総時間：**2.5 時間**　楽しめる期間：**4～11月**

お勧めの季節：**11 月初旬から中旬の紅葉時期**　歩行距離：**約 2.3 キロ**

標高：**508 m（投げ入れ堂）**　標高差：**230m 前後**

温泉データ

ブランナールみささ

泉質：高単純放射能泉

所在地：東伯郡三朝町三朝 388-1　☎0858-43-2211

最寄りの施設

三朝温泉郷　☎0858-43-0431（三朝温泉観光案内所）

投げ入れ堂へのアプローチ途上に必ず通過する温泉郷。三朝川にかかる橋のたもとには、河原風呂（川原の温泉：24 時間・無料）と公衆浴場・菩薩の湯がある。石畳の温泉本通りには、こじんまりした旅館・飲食店・古美術店・スナック・土産物屋・射的場などが並び、情緒ある温泉街が形成されている。

コースの特徴

山陰地方で有数の山岳修験道の行場である。三徳山の山腹にある「投入堂」は、修験道の開祖とされる役小角が、蔵王権現などを祀った仏堂を法力で山に投げ入れたという言い伝えがある。山の断崖の窪みに建造された平安時代の懸造《かけづく》り木製堂で、平安密教建築の数少ない遺構は国宝に指定されている。

この投げ入れ堂までの道が、木の根や岩をよじ登るなど、場所によっては多少険しい箇所が連続する。安易な気持ちで入山すると大きな犠牲を払うことにもなりかねない。近年、滑落事故などが多発しているため、参拝登山者の入山時には、主に服装と靴のチェックを受けることになる。スリッパや遊び用スニーカーなどでは入山許可が下りないこともある。その際には、管理側が用意する草鞋《わらじ》への履き替え（有料）が必要となる。

また、ルート上には鎖場や岩場、傾斜度

（上）投げ入れ堂
（左）結界の門　（中）現地案内人の話を聞く　（右）三徳山入山受付所

のある岩壁などをよじ登る場面もあるので、天候条件が整わなければ入山が禁止されることもあるので事前の確認が必要である。

さらに、山内での火気使用、喫煙、飲食、動植物の採取、そして単独での入山なども禁じられている。心配な人は、現地案内人同行での入山をお勧めしたい（旬彩工房代表・山田さん　☎080-8236-9292）。

アクセス　米子自動車道・蒜山 IC から倉吉市など経由、車で約 80 分

問い合わせ先　三朝温泉観光案内所
☎ 0858-43-0431

棚田・草原・放牧地

山辺　**野辺**　海辺　川辺

広島県

山県郡北広島町

雲《うん》月《げつ》山《さん》麓

26

一千m近い高所に展開する牧歌的景観

（上）天空の草原
（下）眼下の人たちも一望できる

コースデータ

徒歩総時間：**2.5 時間**　楽しめる期間：**4～11月**
お勧めの季節：**新緑、ススキが揺れる秋**　歩行距離：**4～5キロ**
標高：**911m（雲月山頂）**　標高差：**300m 前後**

温泉データ

いこいの村ひろしま
泉質：セラミック温泉
所在地：山県郡安芸太田町松原 1-1　☎0826-29-0011

最寄りの施設

さわやか森林の朝市
☎0826-35-1230（芸北オークガーデン）
芸北オークガーデン交流ターミナル前で5～11月・日曜営業(8:00～)。登山の前に立ち寄り、季節の旬の産物を購入できる。芸北オークガーデン内に温泉があるので、登山後に立ち寄ることもできる。

コースの特徴

芸藩通史に、「遠見所」が設置されていたという記述が見られることから、島根県との県境に位置するこの山域は、昔からも展望のいい山容をしていたことがうかがえる。通説には、山の名は「うつつきやま」だったが、その後「うづき山」や「うづつき山」、「うんげつ山」など各種の呼び名が使われたようである。

そこで、1963年当時の地元自治体（広島県旧芸北町・島根県旧金城村）が協議の上、「うんげつさん」で統一されたとのことである。その名が示すように、山頂付近からの展望は、まさに雲の上で月見をするくらいの壮大な空間的スケールである。その展望を可能にしているのは、主に山の南側に広がる大草原の地形である。標高1千m近い場所での、これだけの大草原的景観は、西中国山地の中では稀有《けう》な存在となっている。

さらに、その山腹には、たたら製鉄

（上）山頂ではお昼寝をしたくなる　（左）草原が展開する
（中）歩く行程のほとんどが駐車場から眺望可能　（右）歩きはじめの場所にはトイレもある

のかんな流し用の溝の跡などもあり、少なくとも７００年前後の間、人間の手も加わり草原的景観が維持されてきたと推察されている。２００５年に再開された、春先の山焼き行事は、この草原での貴重な生態系の維持にも役立っている。２０１５年の山焼きでは、地元の中学校１年生が学校行事の一環として参加している。

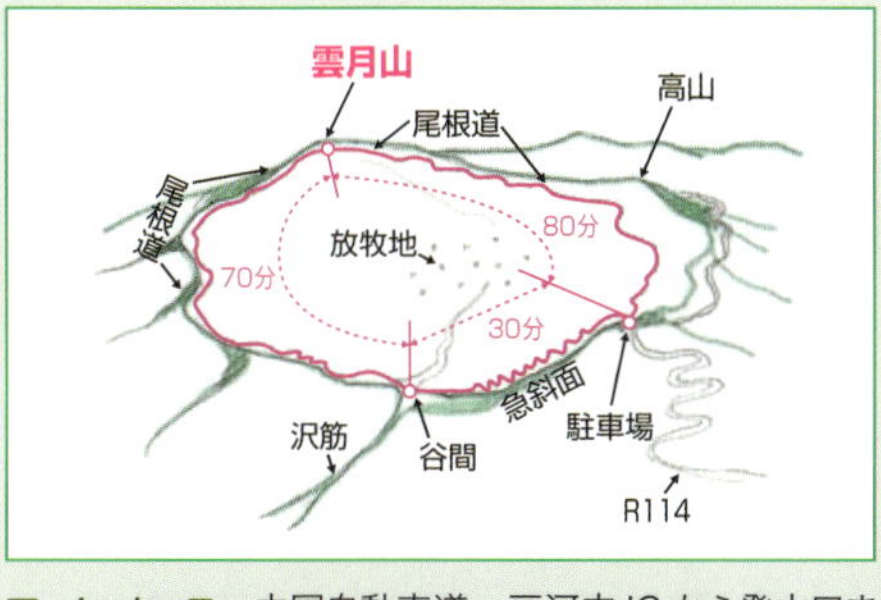

アクセス	中国自動車道・戸河内 IC から登山口までは、車で約 60 分
問い合わせ先	北広島町観光協会芸北支部 ☎ 0826-35-0888

棚田・草原・放牧地

山辺　**野辺**　海辺　川辺

山口県

美祢市

秋吉台《あきよしだい》 27

まるでスコットランドの丘を見ている気分

(上) 秋にはススキの海となる
(下) 露出する岩がまるで羊のようだ

コースデータ

徒歩総時間：**2.5 時間**　楽しめる期間：**3〜11 月**
お勧めの季節：**ススキの穂揺れる秋**　歩行距離：**4.3 キロ前後**
標高：**426 m（龍護峰）**　標高差：**200m**

温泉データ

かんぽの宿湯田
泉質：アルカリ性単純温泉
所在地：山口市神田町 1-42　☎ 083-922-5226

最寄りの施設

秋吉台家族旅行村　☎ 0837-62-1110
オートキャンプ・一般キャンプや台所・風呂・トイレ・居間という間取りの、一戸建貸し別荘タイプの宿泊施設ケビンなどを完備。秋吉台の最高峰・龍護峰への登山入り口付近にあり、車の駐車場もある。周囲にはトイレもあり、入山前後に最新情報を取得することもできる。

コースの特徴

秋吉台における壮大な景観展望地は、この台地の最高峰である龍護峰《りゅうごほう》の山麓である。山麓といっても、ほとんど樹木はない。それは山腹の下が秋芳洞に位置することに理由がある。すなわち、ドリーネと呼ばれる地形により地表の水が地下の秋芳洞へと流れ込んでいくからである。水分を貯められない地表では背丈のある樹木は育たない。いわゆるカルスト地形なので、白褐色の岩が幾多も露出している。

その様は、遠くから眺めていると草原で草を食《は》む羊の群れの如くである。龍護峰へは、家族旅行村駐車場の東端にある登山口から入山する。しばらくは木漏れ日の林の中の平坦な道を進む。しだいに勾配のある坂道に変化していく。両側には手入れの行き届いた人工林が広がる。歩き始めてから30分程度で、突然視界が広がり、樹林のほとんどない草原状の穏

（上）スコットランドの丘のような草原風景
（左）龍護峰山頂　（中）遥か彼方まで遠望できる　（右）天地創造の風景が広がる

やかな山並みが眼前に展開する。このあたりから、行く手を阻むものがなくなり、前後左右に草原状の広大な空間が展開してくる。

なにも龍護峰の山頂まで行かなくてもよい。天候に恵まれれば秋吉台の広がりのある風景とその背後に展開する山並みが、まるで天地創造の光景のように展開していることだろう。

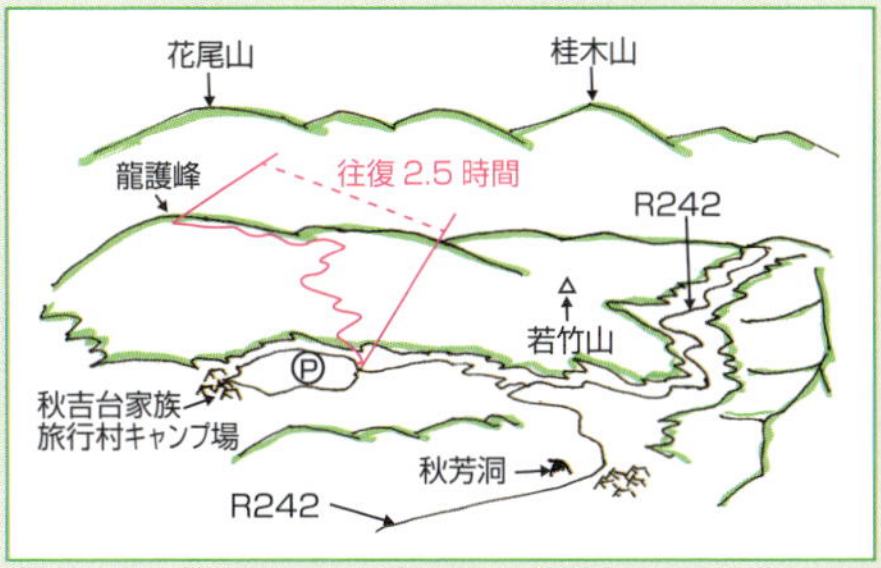

アクセス　中国自動車道・美祢 IC から車で約 20 分

問い合わせ先　美祢市観光協会
☎ 0837-62-0115

（上）妙見山から棚田を俯瞰する
（下）俵島近くの棚田群

棚田・草原・放牧地

山辺　**野辺**　海辺　川辺

山口県

長門市

向津具《むかつく》半島・油谷《ゆや》の棚田群

汐風が稲穂を揺らす海沿いの棚田

28

コースデータ

徒歩総時間：**30分**　楽しめる期間：**5～11月**
お勧めの季節：**田植え前の季節**　歩行距離：**1キロ前後**
標高：**261 m（妙見山）**　標高差：**ほとんど無し**

温泉データ

油谷湾温泉ホテル楊貴館
泉質：アルカリ性単純温泉
所在地：長門市油谷伊上 130　☎ 0837-32-1234

最寄りの施設

元《もと》乃《の》隅《すみ》稲《い》成《なり》神社　☎ 0837-23-1137（長門市観光課）
全国に、「稲荷」神社という名前は四万社ほどあるそうでだが、「稲成」という漢字がつく神社は二社のみといわれる。その1つである、島根県津和野町の太鼓谷稲成から1955年に分霊されたのが、この神社の起源という。地元の漁師さんの枕元に白いキツネが現れ、ご託宣があったというこの場所は、2015年春、アメリカCNNが選ぶ「日本の最も美しい場所31選」にもエントリーされることになった。

コースの特徴

油谷湾の東部・北部に突き出た半島は、通称「向津具半島」とも呼ばれている。この半島の海沿いを車で走っていると、各所に棚田群が広がっていることに気付く。油谷の棚田として知られる東後畑地区ほどには大規模ではないが、海沿いに点在する棚田の数にまず驚く。

これらの棚田群を俯瞰する場所に、妙見山展望公園があり車でのアプローチが可能。標高２７５ｍのさほど高くない頂上から、穏やかな表情の油谷湾、遥か彼方へと続く日本海が一望できる視界３６０度の大パノラマ公園である。この展望公園内を散策することができる。また、この山頂部分からは、東後畑地区も遠望できる。いったん、半島部や東後畑地区の全体像を頭に入れてから、向津具半島周囲へと移動したい。

お勧めは、半島突端部にある俵島近くの棚田である。この棚田を前景として、

（上）油谷の棚田、夕暮れ時
（左）畔《あぜ》の整備　（中）日没前の撮影タイム　（右）元乃隅稲成神社

俵島、そしてその背後に油谷湾、さらには角島大橋をも一度に視野にいれる場所がある。半島の周囲に点在する棚田群を見た後は、夕暮れ時にあわせて東後畑地区へ到着しておきたい。日本海に浮かぶ船の漁火が点灯する夕闇迫る頃、この棚田と海がコレボレーションする幽玄な世界が展開することだろう。

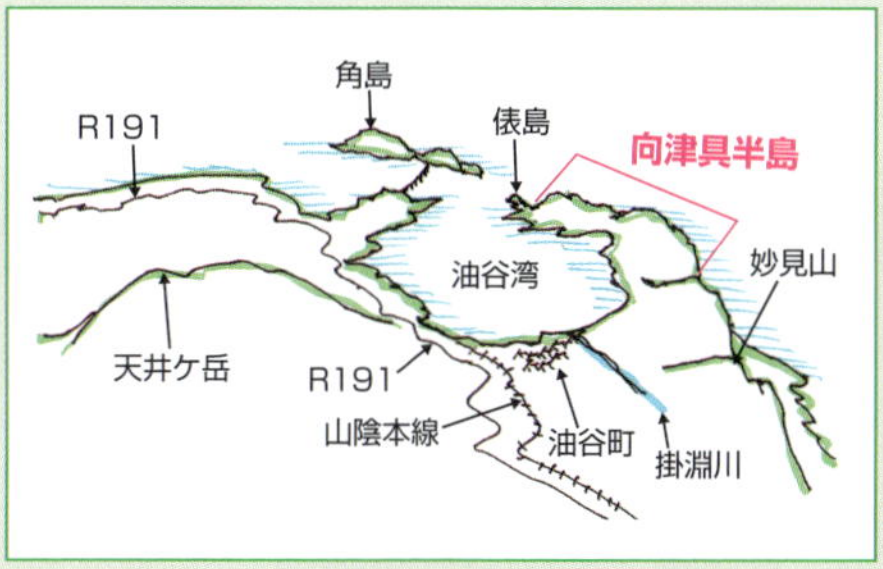

アクセス　中国自動車道・美祢 IC から国道 316 号を経て妙見山まで、車で約 60 分

問い合わせ先　長門市観光コンベンション協会
☎ 0837-22-8404

(上) 島根半島や弓ヶ浜
(下) 天孫降臨伝説の残る蒜山高原を見下ろす

棚田・草原・放牧地

山辺 **野辺** 海辺 川辺

岡山県

真庭市

三平山《みひらやま》山麓 29

名峰・大山を一望できる里山に広がる大草原

コースデータ
徒歩総時間：**2時間**　楽しめる期間：**5～11月**
お勧めの季節：**新緑5月、紅葉10～11月**　歩行距離：**3～4キロ**
標高：**1010m（三平山山頂）**　標高差：**290m**

温泉データ
休暇村 蒜山《ひるぜん》高原
泉質：単純弱放射能泉
所在地：真庭市蒜山上福田1205-281　☎0867-66-2501

最寄りの施設
ひるぜんジャージーランド　☎0867-66-7011
「蒜山酪農組合」直営の施設で、新鮮な乳製品（牛乳、アイスクリーム、クッキーなど）の味を楽しめる。建物の裏手には牛の放牧エリアがあり、周囲の牧草地トレイルを眼前に、蒜山三山の雄姿を見ながら散策できる。

コースの特徴

これだけの空間的な広がりを感じる草原風景は、他に類を見ない。それは、この三平山山麓を取り巻く周囲の自然環境のなせる技でもある。嬉しいことに、標高1千mを超える山陰の高峰へは、標高700m付近まで車で入山できる。そのお陰で、広大な草原風景を楽しみながら、360度開放された山頂展望地まで容易に登れる。

山頂からは、まず日本百名山の1つでもある名峰・大山のダイナミックな山塊が圧倒的な迫力をもって眼前に展開する。さらに、天孫降臨伝説のある蒜山高原や、中国山地の峰々が濃淡を重ねるグラデーションには時が経つのを忘れてしまうことだろう。

三平山森林公園の側を抜けて奥に進むと、舗装林道左手に数台分の駐車スペースがある。そこからスタート。林道沿いを歩くと右手に登山口標識が出てくる。しばらくはジグザグの森の中の道を登ってゆく。

（上）三平山山麓からの蒜山高原
（左）大山をバックに　（中）壮大な草原風景が展開する　（右）旧・軍馬の放牧地を歩く

やがて樹林が途切れはじめ、右手に蒜山高原の展望が見え、心地よい風に思わず足が止まることだろう。

さらに進むと「土塁」と書かれた表示案内板が現れる。旧・日本軍の軍馬育成場であった、この里山の斜面には広大な草原景観が展開している。なお、地元では地域グルメの代表格ともなった「ひるぜん焼きそば」を味わえる。

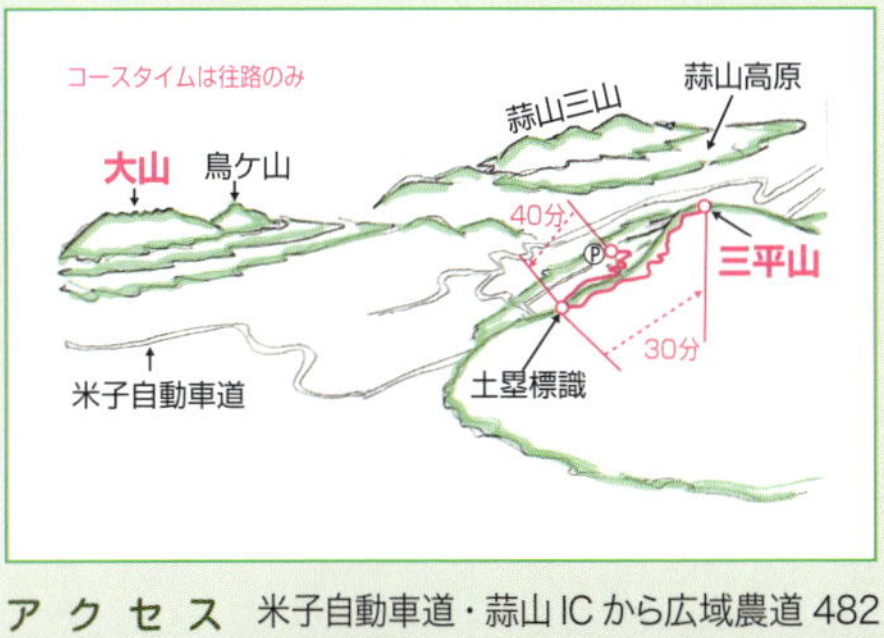

アクセス　米子自動車道・蒜山ICから広域農道482号で内海峠へ。左折後、しばらくして三平山への標識あり。ICから車で約20分

問い合わせ先　蒜山観光協会　☎0867-66-3220

山城・城址

山辺 野辺 海辺 川辺

広島県

山県郡北広島町

火《ひ》野《の》山《やま》

30

毛利時代の強者どもが闊歩した山城

（上）戦国の庭歴史館
（下）万徳院跡歴史公園

コースデータ

徒歩総時間：**3.5 時間**　楽しめる期間：**通年**
お勧めの季節：**新緑、紅葉**　歩行距離：**約4キロ**
標高：**705.4m（本丸部分）**　標高差：**300m 前後**

温泉データ

広島北ホテル
泉質：単純弱放射能泉
所在地：山県郡北広島町南方 3659　☎ 0826-73-0011

最寄りの施設

戦国の庭歴史館
☎ 0826-83-1785
吉川元春館跡や小倉山城跡など吉川氏に関わる、史跡や城館跡計9か所の全体を案内する中核施設。武家に関わる資料展示だけではなく、製鉄、土木建築などの民衆の技術や知恵も併せて紹介。

コースの特徴

標高700m強の火野山の山頂を中心に、毛利元就の次男である元春が築城したといわれる。安芸吉川家に毛利家から養子に入り家督を継いだ元春は、1550（天文19）年に同じ北広島町にある小倉山城からこの山城へと居城を移したという。その後、吉川家3代（元長・広家）にかけて全山を城塞化している。

しかし、1591（天正19）年の広家の時代に、出雲国富田城（現在の島根県安来市にある月山冨田城）に居城を移したためこの山城は放棄され、それ以降は朽ちるに任せる状況だった。吉川家時代には、山城名は日野山城（日山城《ひのやまじょう》）と呼ばれていた。標高も高く、山頂部分からは空も近いし、山野を見渡すこともできる。山城としては重厚なつくりとなっており、全山に曲輪《くるわ》を配置し、石垣や石塁、空堀などで堅固な防御ラインを構築している。

(上) 山頂からの展望
(左) 山頂にて　(中) 大広間の段を抜けると天守部分へ残りわずか　(右) 巨樹の繁る森

１９８６年に国指定の史跡となった以降は、地元自治体の努力により、城内の遺構復元や登山道の整備、展望のための山頂部伐採などの事業が進められているが、その認知度はまだ低いと言わざるを得ない。それだけに、平日などは訪れる人もなく、その昔、強者どもが闊歩した空気感を静かに感じられるだろう。

アクセス　中国自動車道・千代田 IC から車で約 15 分

問い合わせ先　北広島町観光協会
☎ 0826-72-6908

（上）伊藤公資料館
（下）第二奇兵隊・首置松跡への道標

山城・城址

山辺　**野辺**　海辺　川辺

山口県

光市・熊毛郡田布施町

石城《いわき》山《さん》

31

第二奇兵隊の記念地が残る里山

コースデータ

徒歩総時間：**4時間**　楽しめる期間：**通年**
お勧めの季節：**新緑、紅葉**　歩行距離：**約 5.5 キロ**
標高：**362 m（高日神社）**　標高差：**305m 前後**

温泉データ

ゆう温泉
泉質：単純弱放射能冷鉱泉
所在地：岩国市由宇町 777　☎ 0827-63-0755

最寄りの施設

伊藤公資料館　☎ 0820-48-1623
石城山からは車で 10 分程度の距離。初代内閣総理大臣・伊藤博文の生家や旧伊藤博文邸なども併設。幕末から明治末までの日本の動きを学習する場として開設され、特に伊藤博文の足跡資料や遺品などを展示。

コースの特徴

神籠石《こうごいし》もしくは、神籠石式山城とは、九州北部を中心とし、瀬戸内沿岸地域に跨るエリアに点在する石垣で区画した列石遺跡の総称である。その中でも石城山の列石の壮大さは意外にも知られていない。明治時代に活躍した歴史学者である喜田貞吉《きたさだきち》は、その著書『周防石城山神籠石探検記』の中で次のように記述している。「石城神社の旧境内はすなわちその神の神奈備で、神籠石が神奈備の境界石であったろう」

すなわち山頂部にある石城神社の結界的ラインに、神籠石が配石されているとの見方を示していたのである。確かに、総延長2533mに及ぶ大規模な列石群は見る者を圧倒してやまない。昭和30年代に版築工法による古代山城跡であることがほぼ特定されるまでは、「神域説」や「山城説」の間での論争が続いていた。今は訪れる人も少ないこの山域は、古代か

（上）神籠石の列石群
（左）石城神社　（中）仁王門　（右）高日神社からの展望

らの神秘さを秘めたまま、静かに時を刻み続けている。

　特に、列石群の中でも、「山姥ノ穴」ともいわれる伝説をもつ、水抜き穴とも言うべき四か所の水口跡と、明治維新前に一度第二奇兵隊の拠るところとなった神護寺跡は見逃せない。

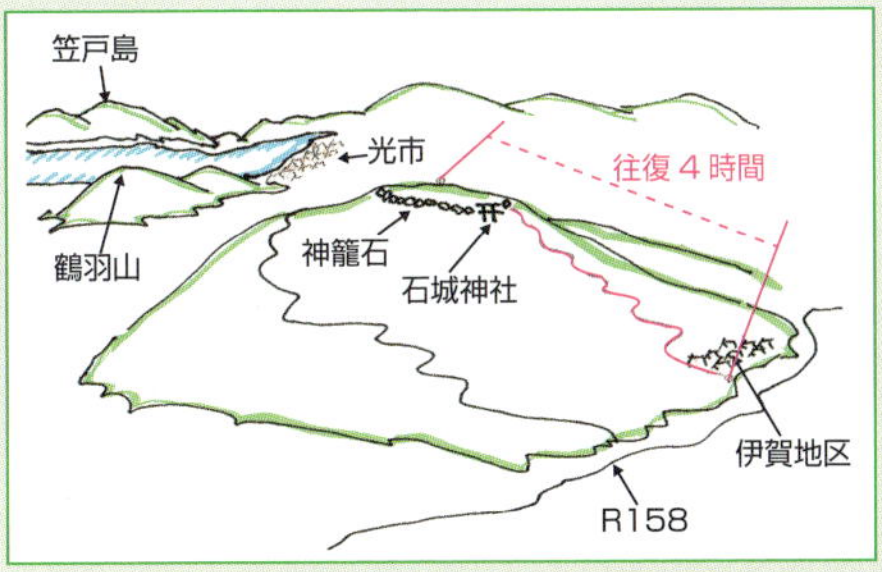

アクセス　山陽自動車道・玖珂 IC から県道 70 号、160 号、63 号を経て伊賀口登山口まで、車で約 30 分

問い合わせ先　光市大和支所　☎ 0820-48-2211

(上) 天守閣への門
(下) 天守閣内部

山城・城址

山辺 **野辺** 海辺 川辺

岡山県

高梁市

備中松山城跡《びっちゅうまつやまじょうあと》

32

高梁《たかはし》川を見下ろす難攻不落の山城

コースデータ

徒歩総時間：**3時間**　楽しめる期間：**通年**
お勧めの季節：**冬の早朝**　歩行距離：**3.5 キロ**
標高：**430 m (天守閣部分)**　標高差：**370 m**

温泉データ

国民宿舎サンロード吉備路
泉質：アルカリ性単純温泉
所在地：総社市三須 825-1　☎ 0866-90-0550

最寄りの施設

高梁市郷土資料館　☎ 0866-22-1479
1904 年に建築された旧高梁尋常高等小学校の本館を再利用。建物施工の素材も良質の木材で丁寧な作業跡が見受けられ、豪壮さとともに綿密さも感じられる。江戸から明治にかけての民具などの展示物もさることながら、建物の外観を見るだけでも価値がある。

コースの特徴

最近、「天空の城」として脚光を浴びてきた山城の1つ。兵庫県の竹田城とともに双璧をなすまでになったこの山城跡は、岡山県西部を流れる一級河川・高梁川中流域を睥睨《へいげい》できる高台にある。高梁川は、古代から近代にかけて高瀬舟による水運に利用され、備中国域の経済の大動脈として水島灘に注ぐ重要な河川だった。

すなわち備中松山城とは、その水運を左右する拠点的場所に位置しているのである。この山城の起源は鎌倉時代にさかのぼる。現在、天守閣が残る山城跡としては日本最高所にある。その城跡へは、昔日の武士たちが登城の際に使っていた道を辿りたいもの。当時の、武士《もののふ》たちの汗が染み込んだ山道には、大石内蔵助が休息したとされる「腰かけ石」などもある。

大手門からは、見上げると首が痛くな

（上）城内への入り口付近
（左）高梁市を見下ろす　（中）大石内蔵助の腰かけ石　（右）松山城跡への登り口

るくらいの反り返った城壁や、白い漆喰塗りの城壁などが眼前に現れる。二の丸の広場に至ると、目の前に勇壮な姿で天守閣が登場する。登城コースのスタート地点は、高梁高校そばの小川を少し登ったところに標識がある。※体力に自信のない人には、山の中腹にある「ふいご峠」からの道（20分）がお勧め。ふいご峠には十数台分の駐車場がある。

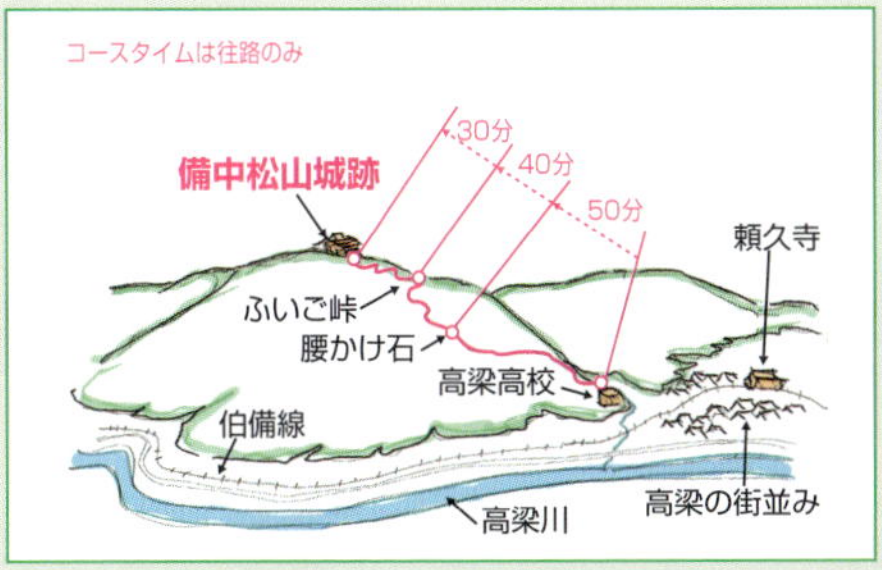

アクセス	岡山自動車道・賀陽《かよう》ICから国道484号経由、高梁市市街地まで車で約15分
問い合わせ先	高梁市観光協会 ☎0866-21-0461

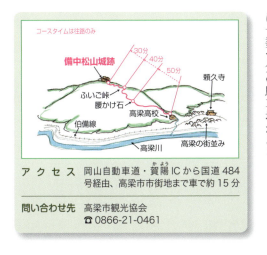

山城・城址

山辺 **野辺** 海辺 川辺

島根県

鹿足郡津和野町

津《つ》和《わ》野《の》城《じょう》跡《あと》

33

巨大な石積み城壁が津和野の里を守る

(上) 夏、城跡から青野山を望む
(下) 下山口にある太鼓谷稲成神社

コースデータ

徒歩総時間：**3.5 時間**　楽しめる期間：**通年**
お勧めの季節：**新緑 5 月、紅葉 11 月**
歩行距離：**4 キロ**　標高：**367m**　標高差：**170m**

温泉データ

あさぎりの湯（道の駅 津和野温泉なごみの里）
泉質：単純放射能冷鉱泉
所在地：鹿足郡津和野町鷲原イ -256　☎ 0856-72-4122

最寄りの施設

道の駅 津和野温泉なごみの里
☎ 0856-72-4122
温泉、レストラン、物販コーナーや新鮮市場まである総合施設機能を兼ねた道の駅。もちろん、津和野の観光情報コーナーなどもあり津和野城跡以外の周辺情報も入手できる。トイレ、駐車場あり。

コースの特徴

山陰の小京都として名高い津和野。その美しい津和野の里を守ってきたのが、この津和野城である。町の背後に聳《そび》える標高367メートルの霊亀山の山頂に鎌倉時代に築城された。室町時代くらいまでは、三本松城（もしくは一本松城）と呼ばれていたという。この山城へのアプローチは、チェアーリフトでも可能であるが、時間と体力のある方には、ぜひ鷲原八幡宮裏手からの道がお勧めである。特に紅葉の季節、ほとんど人影の無い静かな平日に歩いてみたい。

最初に驚かされるのは、八幡宮裏手にある杉の巨木である。天を突くが如くに屹立《きつりつ》するその姿は、城を警固する巨大門番のようでもある。ご神木であるこの巨木からしばらくは樹林帯の道となり、細かな上り下りが連続する。石垣など古跡を案内する標識を左右に確認した後、さらに歩を進めると突如として、木立ちの隙間

（上）秋の津和野城跡

（左）夏の碧い空も捨てがたい　（中）鮮やかな彩世界　（右）突如として城壁が現れる

から空との距離が近くに感じられる場所に出る。と同時に、石積み城壁が胸を反らせた勇者のような姿で現れるのである。

城壁の最高所からは、東方向正面に美しい円錐形の秀峰・青野山を望み、山陰の小京都と称せられる津和野の町を眼下に見下ろすことができる。下山は、太鼓谷稲成神社へと向かう道を選びたい。

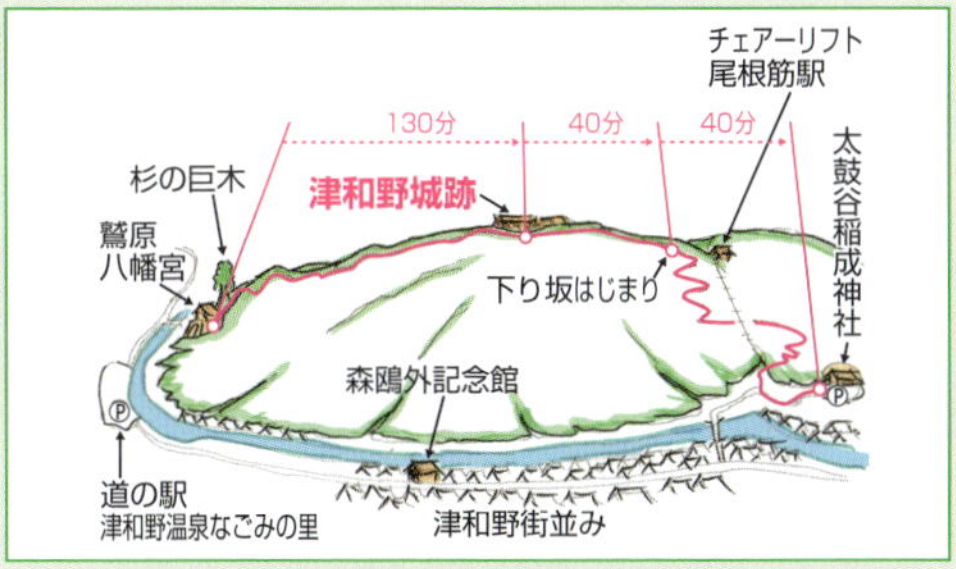

アクセス　中国自動車道六日市ICから、国道187号、9号を経て津和野・道の駅なごみの里まで車で約60分。なごみの里から登城口である鷲原八幡宮までは徒歩10分。下山口・太鼓谷稲成神社から道の駅まで徒歩30分。

問い合わせ先　津和野町観光協会　☎ 0856-72-1771

山城隣接地にある巌倉寺

山城・城址

山辺 **野辺** 海辺 川辺

島根県

安来市

月山富田城跡《がっさんとだじょうあと》

日本百名城でもあり、桜の名所

34

コースデータ

徒歩総時間：**2時間**　楽しめる期間：**通年**
お勧めの季節：**4月桜開花時期**　歩行距離：**3.5 キロ**
標高：**191.5 m（月山山頂）**　標高差：**約 180 m**

温泉データ

鷺《さぎ》の湯温泉 ふれあいプラザ
泉質：低張性弱アルカリ性高温泉
所在地：安来市古川町 848　☎ 0854-28-6477

最寄りの施設

道の駅 広瀬・富田城　☎ 0854-23-3321
山城登山口に隣接する場所にある。レストランや土産物コーナー以外にも、併設されている安来市立歴史資料館にも立ち寄りたい。郷土の歴史的資料なども展示し、月山富田城や尼子氏に関する事前情報も入手できる。

コースの特徴

標高190m強の月山の一帯に築城されたこの山城は、山陰・山陽十一州を手中に収めた尼子氏歴代が本城としていた。戦国時代屈指の難攻不落の要害として、その名を天下に響かせていた。安芸の国（広島）を本拠としていた、毛利元就軍の侵攻を受け、1566（永禄9）年に籠城戦の末、開城した歴史を持つ。

その後、尼子家臣であった通称・山中《やまなか》鹿介《しかのすけ》＝山中幸盛らによる尼子再興運動は、悲劇の物語として後世に語り継がれている。山中鹿介の記念碑は明治時代に城内に建立されている。また、城内には太鼓を打ち鳴らし合図を送る場所であった「太鼓壇《たいこのだん》」、山中御殿、花の壇、千畳平などの名跡が往時の繁栄を物語っている。

山頂には、その昔の軍用道であった「七曲り」と呼ばれる傾斜道を行くことになる。山頂部分には、富田八幡宮を里宮とする勝日《かつひ》高守《たかもり》神社の社があり、歴代城主

（上）追手門の桜時期
（左）山頂部分からの中海方面　（中）桜満開時の城内　（右）城内には桜の名所が点在する

から信仰されていた。月山上部からの眺めも見逃せない。眼下には飯梨川、そして東北方角に、きらめく中海の海面までも一望することができる。

この城内には多くの桜の樹が植樹されており、開花時には山陰地方屈指の名所ともなる。

アクセス　山陰自動車道・安来 IC から県道 45 号、334 号を経て車で約 20 分

問い合わせ先　安来市観光協会
☎ 0854-23-7667

（上）尾道水道を見下ろす
（下）祈りの道沿いにあるお堂

街道・廃線駅・町並み

山辺　**野辺**　海辺　川辺

広島県

尾道市

尾《お》道《のみち》の町並み

35

7つの名刹を巡りながら満願成就へ

コースデータ

徒歩総時間：**4時間**　楽しめる期間：**通年**
お勧めの季節：**桜4月、紅葉 11月**　歩行距離：**約7キロ**
標高：**120m（千光寺山）**　標高差：**120m**

温泉データ

尾道養老温泉
泉質：放射能泉
所在地：尾道市美ノ郷町三成 2502-1　☎0848-48-1411

最寄りの施設

浄土寺
☎0848-37-2361
このルートでは6番目に訪れる場所。616 年に聖徳太子の創建と伝わる真言宗の寺院。「本堂」や「多宝塔」は国宝で、「山門」「阿弥陀堂」は重要文化財に指定されている名刹。

コースの特徴

映画のロケーションがよく行われる尾道の町は、坂の町、路地の町、そしてお寺の町としても知られる。地形的には神戸のように海と山に挟まれた狭いエリアである。町の南には「尾道水道」が細長く延び、町の背後には「尾道三山」と呼ばれる３つの小さな里山が迫っている。その３山「千光寺山」「西国寺山」「浄土寺山」の山腹に、細い路地が張り巡らされている。

尾道七仏巡りの道とは、そんな路地をつなぎながら、満願成就への参詣をするルート。生活の匂いが漂う坂の町・尾道の路地を結びながら、それぞれの名刹（持光寺・千光寺・天寧寺・大山寺・西國寺・海龍寺・浄土寺）でしばし安息のひと時を持ちながらゆっくりと散策巡りをしてほしい。歩く際には、朱印帳（８００円※1か寺の朱印料含む）を持参しながら、各寺院でそれぞれ朱印（各３００円）を

（上）尾道の町にはお寺が似合う
（左）毎年 10 月初旬開催の灯りまつり　（中）西国寺への参道　（右）千光寺境内

押してもらい、最後のお寺で「満願成就」の印が押された後、紙掛け軸をプレゼントされる仕組みとなっている。

距離の割には、坂道のアップダウンが結構あり、それなりの体力を要するので注意が必要である。特に千光寺や西国寺への登り坂は、ゆっくりと息を整えながら歩きたい。

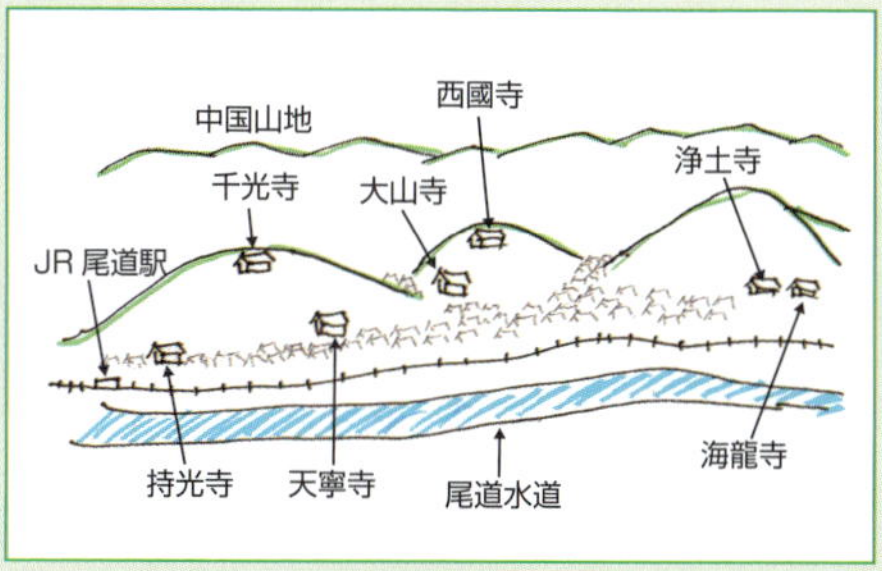

アクセス　JR 山陽本線・尾道駅から歩きはじめる。車は近くの駐車場に入れておく

問い合わせ先　尾道市観光課
☎ 0848-38-9184

動かない車両までが色彩の一部

街道・廃線駅・町並み

山辺　**野辺**　海辺　川辺

広島県

山県郡安芸太田町

旧JR安《やす》野《の》駅《えき》・日本一美しい廃線駅

廃線沿いにある季節限定の名所

36

コースデータ

徒歩総時間：**30 分**　楽しめる期間：**通年**

お勧めの季節：**桜4月**　歩行距離：**1キロ以内**

標高：**90m（旧 JR 安野駅付近）**　標高差：**ほとんど無し**

温泉データ

温井スプリングス 温井温泉

泉質：単純弱放射能冷鉱泉

所在地：山県郡安芸太田町加計 4692-7　☎ 0826-22-1200

最寄りの施設

川・森・文化・交流センター

☎ 0826-22-2126

安芸太田町内の山・川・生活に関連する情報センター。太田川にまつわる民具などがある歴史民俗資料館、充実した冊数を揃えている町立図書館も。宿泊、研修施設も併設。

コースの特徴

桜の季節限定だが、「日本一美しい廃線駅」として静かな脚光を浴びている場所。昭和30年代の高度経済成長時代にこの駅の歴史が始まる。１９５４年３月30日に国鉄可部線、布・加計間の開通時にともない一般駅として開業する。広島市内から名勝地・三段峡へとつなぐ鉄道路線にあったこの駅は、太田川の流れと時代の流れ、その両方をプラットフォームに毎日刻んできたことだろう。

１９６０年にはすでに貨物の取り扱いが廃止となり旅客のみの駅となり、１９６５年には無人化となっている。秋の行楽シーズンともなると、この鉄道路線を数車両の連結列車が通過したこともあるが、２００３年に沿線住民に惜しまれながらＪＲ可部線の一部（可部駅・三段峡駅間）の廃止とともに、駅運営も廃止となった。

廃止以降、地元有志による駅再利用プ

（上）廃線線路沿いの彩り　（左）気持ちもボールも弾む景色
（中）まるで天女の羽衣を見ているかのよう　（右）この木だけでも名所に成り得る

ロジェクトが発足し、現在は、「安野・花の駅公園」として、ほぼ現役時代の状態で駅舎は保存され、プラットフォームには、運行最終日に沿線住民限定の臨時列車にも使用された型・キハ58系が保存されている。この車両が獲得した移動距離数は453万7939・4㎞に及び、地球を100周以上も走ったことになるという。

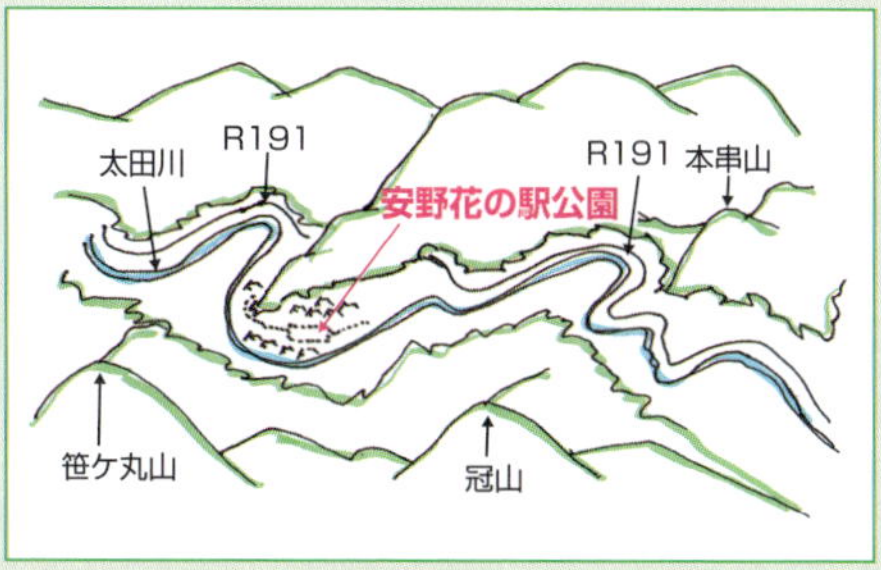

アクセス　中国自動車道・加計スマート出口から国道191号経由、車で約20分

問い合わせ先　安芸太田町観光協会
☎0826-28-1800

（上）落合の石橋付近
（下）一升谷の石畳道

街道・廃線駅・町並み

山辺　**野辺**　海辺　川辺

山口県

萩市

萩往還《はぎおうかん》

37

幕末の頃に志士たちが駆け抜けた道

コースデータ

徒歩総時間：**3時間**　楽しめる期間：**通年**
お勧めの季節：**桜4月、新緑5月、紅葉11月**　歩行距離：**10.5キロ**
標高：**212m（最高所）**　標高差：**約200m**

温泉データ

湯田温泉西の雅常盤
泉質：アルカリ性単純温泉
所在地：山口市湯田温泉4-6-4　☎083-922-0091

最寄りの施設

道の駅 萩往還　☎0838-22-9889
萩の特産品や野菜などの販売コーナーもあるが、全国の道の駅でここだけのものが、「松陰記念館」。吉田松陰に関する資料や松下村塾のミニ模型などもある（入場無料）。萩市内の手前にあるので萩観光の前後に立ち寄りたい。

コースの特徴

萩往還という街道は、藩政時代からの幾多の「想念」が駆け抜けていった道という呼称がしっくりとくる。この道は、江戸時代に毛利氏が参勤交代での「御成道《おなりみち》」として、日本海側の萩城下と瀬戸内海側の三田尻港（防府市）を53キロのほぼ直線で結んだ街道だった。

関ヶ原の戦いに敗れ、中国地方の盟主だった毛利家や臣民にとって、山陰から山陽へと複雑な「想念」を持ちながら歩いていたことだろう。その後、維新の志士たちは、時代を変革する「想念」を胸に秘めながら、石畳を駆け抜けていった。幕末から明治にかけては、この街道往来の足音が、時代の激動音と共鳴していたに違いない。

山口県内の中国山地を縦断するこのルートは、長い年月の中で廃道になったり、車道によって区切られたりと時代の波を受けて変化した場所もある。今回紹

（上）街道筋の核心部を歩く
（左）のどかな田園風景が広がる　（中）峠へさしかかる　（右）歩きはじめ起点

介する区間は、維新の志士たちの面影が強く感じられるルートの1つである。スタート地点は明木市の乳母の茶屋。そして街道のハイライトの1つである一升谷・石畳を登り、五文蔵峠を通過し、さらには落合の石橋を渡り、千持峠を越えて佐々並地区まで下ってゆく。

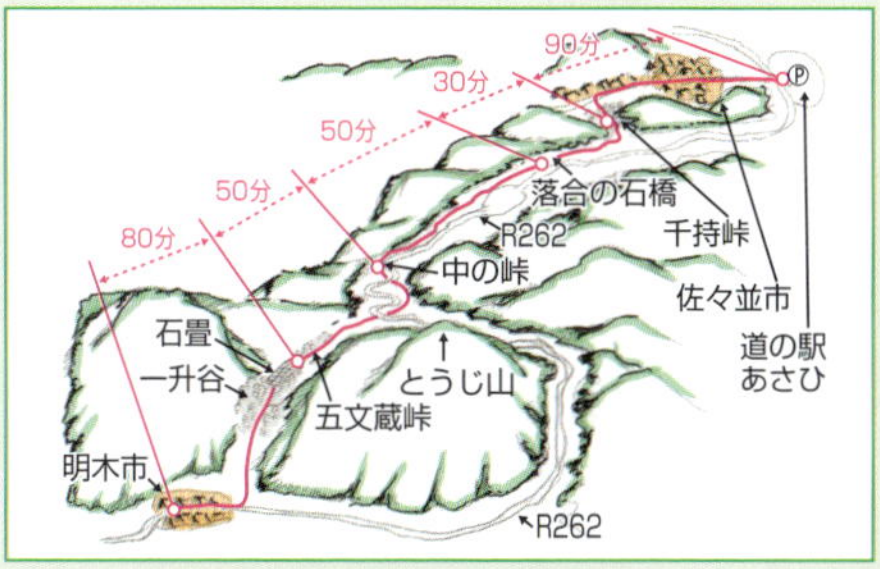

アクセス	小郡萩道路・絵堂ICから国道490号、県道32号経由、明木まで約15分
問い合わせ先	萩市観光協会 ☎0838-25-1750

(上) 男はつらいよ・ロケ地
(下) 頼久寺庭園

街道・廃線駅・町並み

山辺 **野辺** 海辺 川辺

岡山県

高梁市

高梁《たかはし》の町並み 38

藩政時代からの歴史と文化が蓄積する

コースデータ

徒歩総時間：**1時間**　楽しめる期間：**通年**
お勧めの季節：**桜4月、新緑5月、紅葉11月**　歩行距離：**1～2キロ**
標高：**60m（町の中心部）**　標高差：**ほとんど無し**

温泉データ

国民宿舎サンロード吉備路
泉質：アルカリ性単純温泉
所在地：総社市三須 825-1　☎ 0866-90-0550

最寄りの施設

高梁市郷土資料館　☎ 0866-22-1479
1904年に建築された旧高梁尋常高等小学校の本館を再利用。建物施工の素材も良質の木材で丁寧な作業の跡は見受けられ、豪壮さとともに綿密さを感じられる。江戸から明治にかけての民具などの展示物もさることながら、建物の外観を見るだけでも価値がある。

コースの特徴

その昔、備中の中心地であった高梁の町は、高梁川の岸辺に藩政時代からその礎が築かれてきた。高梁川は、岡山県北部の新見市周辺の山間部と水島灘を結ぶ、古代から近代にかけて備中国域の経済の大動脈だった。高梁の地政学的な重要度は、高梁川中流域にある水運の中継地としての地理的背景からだった。

備中の小京都ともいわれるこの町には、江戸時代の面影が残る武家屋敷通りや、小堀遠州の作庭がある頼久《らいきゅう》寺、明治半ばの建築様式を残す県下最古の教会・高梁基督教会などが昔日の繁栄ぶりを物語っている。

桜の時期は町の中心にある紺屋川沿いを歩いてみたい。小さな川は、かつて備中松山城の外堀の役割を果たしていた。川沿いには小ぶりながらも、美しい桜と柳の並木道が続き、落ち着いた町並みや藩校・有終館跡などがあり情緒豊かな風

（上）紺屋川沿い桜並木
（左）地元ガイドの案内で歩くのも楽しい　（中）桜時期の武家屋敷　（右）岡山県下最古の教会

情となっている。この道は、「日本の道100選」にも選ばれている。

町に漂う風情は、映画のロケ地としても活用されていた。男はつらいよシリーズ映画「第32作・口笛を吹く寅次郎」の舞台として、その美しい町の佇まいが紹介されている。町並み散策と備中松山城とをセットにして休日の一日を有意義に過ごすのも一興だろう。

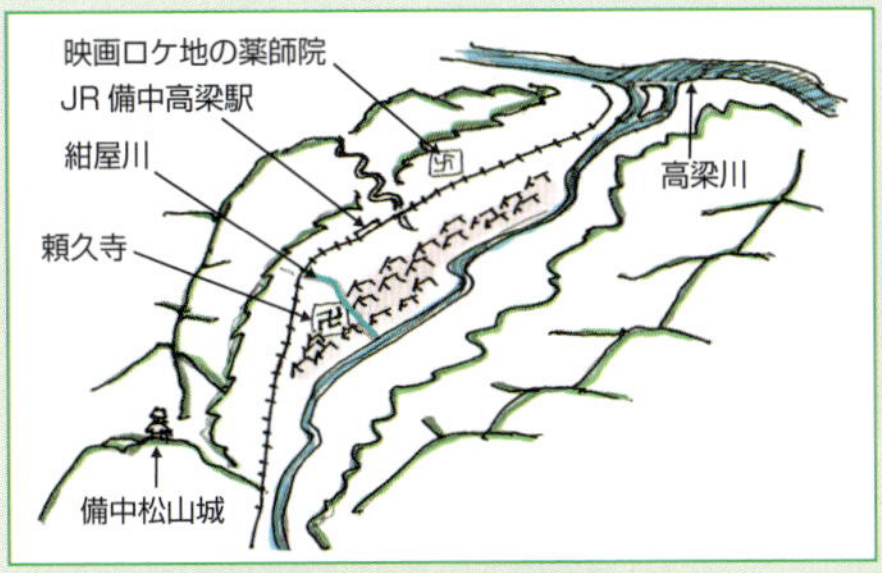

アクセス　岡山自動車道・賀陽《かよう》IC から国道 484 号経由、高梁市市街地まで車で約 15 分

問い合わせ先　高梁市観光協会
☎ 0866-21-0461

街道・廃線駅・町並み

山辺　**野辺**　海辺　川辺

島根県

大田市

石見銀山《いわみぎんざん》・大森《おおもり》地区

石見銀山経営時代からの町並み

39

(上) 石見銀山坑道入口
(下) 温泉津温泉

コースデータ

徒歩総時間：**1時間**　楽しめる期間：**通年**
お勧めの季節：**桜4月、新緑5月、紅葉11月**　歩行距離：**1〜2キロ**
標高：**130m (町の中心部)**　標高差：**ほとんど無し**

温泉データ

温泉津《ゆのつ》温泉薬師湯
泉質：等張性中性高温泉
所在地：大田市温泉津町温泉津ロ7-1　☎0855-65-4894

最寄りの施設

石見銀山世界遺産センター
☎0854-89-0183
石見銀山の世界史的な位置づけや、往時の銀山経営の背景、暮らしぶりなどの展示をはじめ、現在も継続されている埋蔵物発掘作業による調査研究成果などを展示。

コースの特徴

石見銀山とその周辺の文化的景観が世界遺産に登録された２００７年からしばらく、大森の町は異常ともいえる熱気に包まれることになる。日本のみならず世界各地から人が訪れたのである。その熱気は、石見銀山が繁栄を極めていた頃に20万人近くもいたともいわれる往時に匹敵したかもしれない。その熱気は、大森の町並みから坑道の中心である龍源寺間歩までの区間、さらに裏山である仙の山山麓まで押し寄せていた。

しかし、栄枯盛衰が世の習いのように、今では遺産登録前の落ち着いた静けさを取り戻しつつある。そこには熱気通過時に学習した町づくりへの知恵も残されているようだ。大森地区の町並みは、８００ｍ程度の長さである。また居住する人口も３００〜４００人前後。静かに時を刻んでいる中山間地域の小集落なのである。

(上) 古い町並み中心部　(左) 大森の町・中心部を歩く
(中) 小さな花が良く似合う街　(右) 落ち着いた雰囲気の喫茶店

そんな地区の中枢地は、江戸時代に天領の支配のため大森代官所の陣屋町として栄えたが、銀の産出量の減少により、繁栄の時代は去り、しだいに閑散としていった。

銀山経営、世界遺産登録による双方の繁栄と衰退、そこから学んだこの町の知恵を求めて歩くのも楽しいものである。

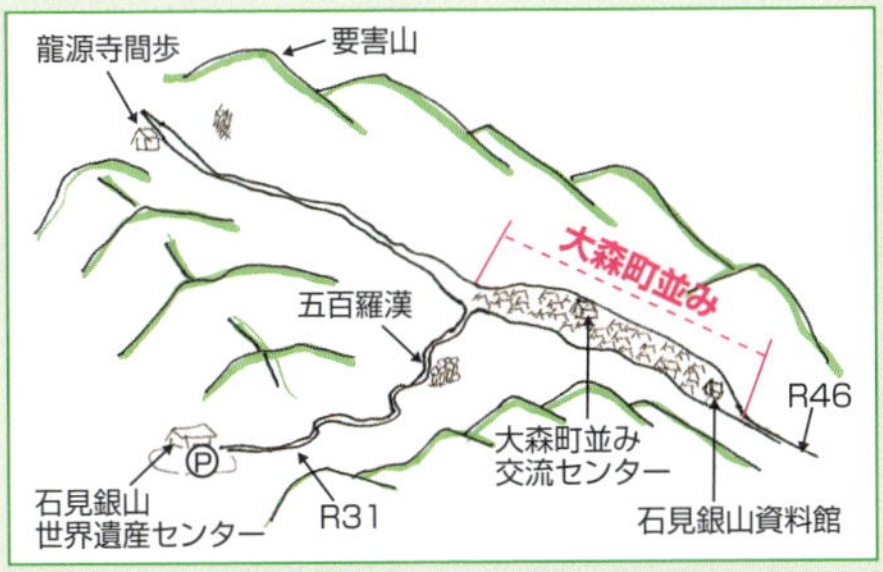

アクセス　山陰自動車道・出雲 IC から国道 9 号、県道 31 号を経て車で約 50 分

問い合わせ先　石見銀山世界遺産センター
☎ 0854-89-0183

街道・廃線駅・町並み

山辺　野辺　海辺　川辺

鳥取県

八頭郡智頭町

智《ち》頭《づ》宿《じゅく》の町並み

江戸時代には鳥取藩最大の宿場町

40

（上）板井原集落への道
（下）板井原集落

コースデータ

徒歩総時間：**1時間**　楽しめる期間：**通年**
お勧めの季節：**桜4月、紅葉11月**　歩行距離：**3〜4キロ**
標高：**170m（町の中心部）**　標高差：**ほとんど無し**

温泉データ

あわくら温泉元湯
泉質：弱放射能冷鉱泉
所在地：英田郡西粟倉村影石 2050　☎0868-79-2129

最寄りの施設

道の駅 あわくらんど
☎0868-79-2331
鳥取自動車道・西粟倉 IC すぐ横にある智頭町へのアプローチ上では便利な道の駅。旬の野菜が手ごろな価格で購入することもでき、鳥取、岡山両県の情報も入手できる。

コースの特徴

鳥取藩が参勤交代の折、城下を出て最初に宿泊したのがこの智頭宿だったという。宿の歴史は古く、奈良時代以来、畿内と因幡を結ぶ道＝因幡街道と備前街道が合流する土地として栄えてきた。現在、この往来道は、歴史の道百選と遊歩百選に選ばれている。中心部の沿道は、豪壮な町家、社寺などの古建築が現在も軒を連ね、道幅も広く、ゆっくりと町並み散策が楽しめる。

特に見どころとして、石谷家住宅が挙げられる。広大な池泉回遊式日本庭園を中心に配された江戸時代の庄屋建築様式を主軸とする豪邸には、40の部屋と7つの土蔵がある。そのほか、さまざまな建築様式が後世に施され、見事に調和した屋敷景観は、近代和風建築の傑作とされている。現在は智頭町土師地区出身の映画監督・西河克己映画記念館となっている洋館は、旧塩屋出店の一部として

(上) 智頭宿の中心部を歩く
(左) 智頭消防団本町分団屯所　(中) 石谷家住宅　(右) 江戸時代の面影を残す町並み

1930年頃に裏庭に建てられたものといわれ、その後、子どもたちの文化育成のために教会として利用されている。

また、石谷家住宅の真向かいには、一風変わった洋風建築がある。1941年に建設された現役の消防屯所である。火の見櫓が屋根の上に設置されているので見つけやすい。

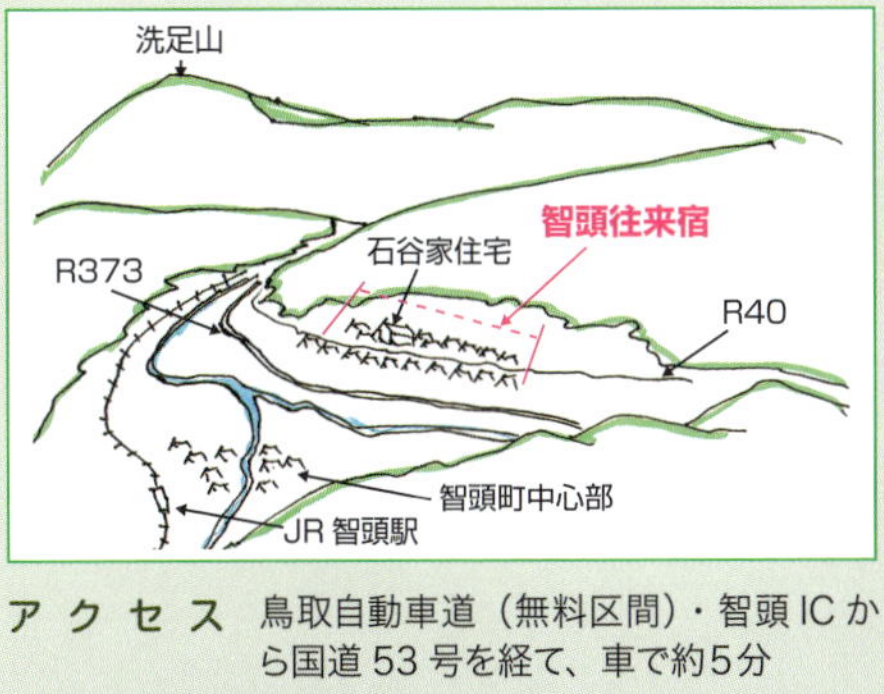

アクセス　鳥取自動車道（無料区間）・智頭 IC から国道 53 号を経て、車で約5分

問い合わせ先　智頭町観光協会
☎ 0858-76-1111

島・海岸・浜辺

山辺 野辺 **海辺** 川辺

広島県

廿日市市

宮島《みやじま》

41

ダライ・ラマ14世による開眼法要

(上)町屋通り
(下)大聖院

コースデータ

徒歩総時間:**2時間**　楽しめる期間:**通年**
お勧めの季節:**冬の陽だまり季節**　歩行距離:**4〜5キロ**
標高:**37 m(大聖院)**　標高差:**40m 前後**

温泉データ

宮島潮湯温泉(錦水館)
泉質:塩化物冷鉱泉
所在地:廿日市市宮島町 1133　☎ 0829-44-2131

最寄りの施設

宮島歴史民俗資料館　☎ 0829-44-2019
宮島桟橋から徒歩約 20 分。
江戸時代から明治にかけて財をなした豪商の母屋と土蔵を改装して、宮島の歴史や文化にかかわる資料を展示。神の島での年中行事や庶民生活の習俗などについて知ることができる。

コースの特徴

宮島は、古代から島全体が霊力の強い土地だった。806年には弘法大師が弥山を開基し、真言密教の修験道場になったといわれる。山頂界隈やルート沿いには巨岩・奇岩が連続し、山の不思議な霊力を感じる場所も点在する。頂上から見る瀬戸内海の夕暮れは、まるで極楽浄土のようだ。

そんな神の島・宮島の秘められた霊力の1つに、「砂曼荼羅」が近年になり新たに加わっている。その砂曼荼羅を見ることができるのは、島でも奥まった場所にある。島内最古の歴史を持つ寺院で、厳島神社の別当寺として祭祀を司る真言宗御室派の大本山・大聖院《だいしょういん》である。2006年11月3日には、宮島・弥山の開創1200年を記念して、ダライ・ラマ14世による弥勒菩薩の開眼法要が営まれた。砂曼荼羅は、日本ではじめてのチベット仏教寺院である、広島・龍蔵院のデプン・ゴマン学堂日本分院の僧侶たちにより製作されている。

（上）砂曼荼羅（大聖院）
（左）経小屋山からの宮島　（中）干潮時の大鳥居　（右）厳島神社

この大聖院から多宝塔方面へと向かう道沿いにはアセビの木が多く、森林浴などを楽しめる「あせび歩道」と呼ばれる。そのほか、厳島神社への最古の参詣道であった「山辺の古径」や、江戸時代の町屋風情が漂う「町屋通り」なども、心落ち着く宮島の散策道である。

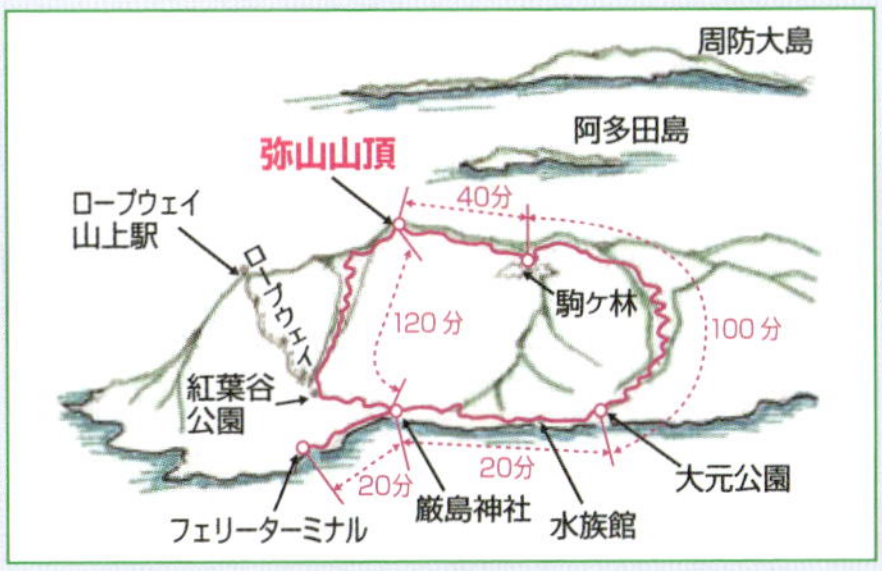

アクセス　JR宮島口から徒歩5分で宮島口桟橋へ。宮島口桟橋からはフェリーで約10分。フェリーは約15分間隔で運行

問い合わせ先　宮島観光協会　☎0829-44-2011

(上) 海辺の散策道
(下) 島内にある露天風呂

島･海岸･浜辺

山辺 | 野辺 | **海辺** | 川辺

広島県

福山市

仙《せん》酔《すい》島《じま》

42

山岳修験道の舞台でもあった小さな島

コースデータ

徒歩総時間：**2時間**　楽しめる期間：**通年**
お勧めの季節：**冬の陽だまり季節**　歩行距離：**4〜5キロ**
標高：**155ｍ（大弥山）**　標高差：**150ｍ前後**

入浴施設

江戸風呂
泉質：（注）※蒸し風呂
所在地：福山市鞆町後地 3371　☎ 084-982-2111

最寄りの施設

人生感が変わる宿「ここから」　☎ 084-982-2111
鞆の浦の東側にある仙酔島にある宿。鞆の浦と仙酔島をゆっくりと満喫する際にはもってこいの宿。敷地内には、「歳時記風呂」と呼ばれる、季節旬の草花、葉、樹皮などを配合した露天風呂などもある。

コースの特徴

まことに小さな島だが、変化に富んだ魅力満載の島でもある。まず、鞆の浦から「平成いろは丸」に乗船し弁天島を横目に見ながら、約5分にて島の波止場に到着する。まず最初に、岩が露出した島の海岸風景にも魅せられてしまうだろう。

海と山の自然を両方味わうことができるが、まずは徒歩で、その昔山岳修験者たちも歩いた「弥山」へと向かおう。宿「ここから」の玄関口近くから山への入山口はある。緩やかな登坂を進むとほどなく「中弥山」という小さなピークを通過する。

島内には自然観察路が整備され、非常に歩きやすい道である。さらに進むとスタートから1時間前後で、島内の最高峰である「大弥山」に到達する。この山頂付近からの西側は伐採されていて、鞆の浦の町並みのほとんどを遠望することができる。その後、下り坂を歩き島の西側海岸へと降りてゆく。

（上）仙酔島の日没時
（左）仙酔島へ渡る船　（中）仙酔島からの夕陽　（右）宿「ここから」の風景

展望スペースが出てくると、大きく左へ曲がる下り坂を浜辺へと進んで行く。ほどなく波の音が聞こえはじめ、小さな、しかし美しい砂浜に出る。その後は、五色岩というパワースポットのある海岸沿いの道を波止場まで歩こう。

アクセス　山陽自動車道・福山東 IC から県道 380 号経由、対岸の鞆の浦まで車で約 30 分

問い合わせ先　鞆の浦観光情報センター
☎ 084-982-3200

(上) 日本海の荒波
(下) 須佐湾近くの国道 191 号線

島・海岸・浜辺

山辺 野辺 **海辺** 川辺

山口県

萩市

須《す》佐《さ》湾《わん》

43

日本海文化圏を担った海人たちの土地

コースデータ

徒歩総時間：**1時間**　楽しめる期間：**4～11月**
お勧めの季節：**盛夏時期**　歩行距離：**2～3キロ**
標高：**0m**　標高差：**ほとんど無し**

温泉データ

田万川温泉憩いの湯
泉質：塩化物冷鉱泉
所在地：阿武郡田万川町大字下田万 1740-1　☎ 08387-2-0370

最寄りの施設

ふれあいステーション須佐　☎ 08387-6-3380
駅舎と交流スペースが合体した全国でも珍しい施設。観光情報提供スペースがあり、地域の特産品の赤米バウムクーヘン、ゆずまんじゅうなどの土産が売られている。珍しいものとして、店オリジナルのアイス各種（いか墨アイス、赤米アイス）がある。

コースの特徴

須佐湾は、江戸時代の藩政時代から益田家の庇護のもと、防長両国の北の防衛を受け持つ重要な戦略拠点だった。日本海の地方都市・益田からは32キロ、長州藩の藩都だった萩からは43キロ。車ではそれぞれの町から約30分前後の距離がある。

日本海沿いに「須佐」の名前を冠した背景から、須佐之男命との深くて長い因縁のあることを感じざるを得ない。古代に出雲地方が栄えた頃には、もちろん日本海文化圏の重要な寄港地として存在しただろう。そして出雲と大陸・朝鮮半島を結び、人・物が往来していたことであろう。その後、江戸時代には北前船の航路上にも位置し、萩の次に寄港する交易の町として栄えてきた。

歴史的な蓄積だけでなく、この湾の周囲の自然は、長い年月をかけて素晴らしい景観を造り出している。日本海に面した須佐湾の景観は「西の松島」ともいわれるほど。「須佐湾」は1928年、国の名勝およ

（上）ホルンフェルス大断層
（左）ホルンフェルスへの道　（中）ホルンフェルス遠景　（右）元乃隅稲成神社も近い距離にある

び天然記念物に指定され、そのシンボル的な存在が、ホルンフェルス大断層の縞模様だ。白波が弾ける日本海に向かって、その存在が突き出るように形成されているホルンフェルスを見ていると、須佐之男命の荒ぶる魂を想起させてくれる。

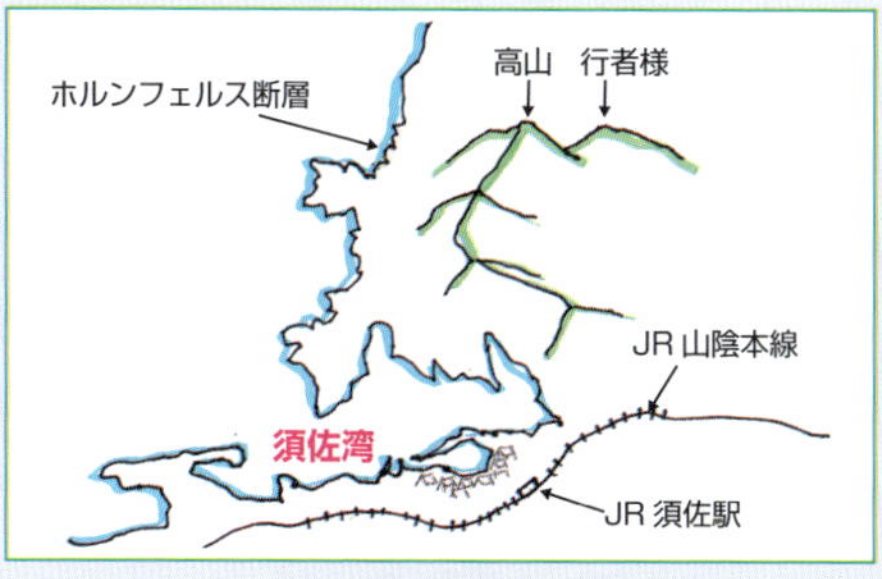

アクセス　JR 山陰本線須佐駅下車、須佐漁港までは徒歩 5 分。須佐ホルンフェルスまでは駅からタクシーなどで約 10 分

問い合わせ先　須佐おもてなし協会　☎ 08387-6-2219

(上) 祝島の中心部
(下) 平さんの棚田

島・海岸・浜辺

山辺　野辺　**海辺**　川辺

山口県

熊毛郡上関町

祝島《いわいじま》 44

四年に一度の神事・神舞の島

コースデータ

徒歩総時間：**2時間**　楽しめる期間：**通年**
お勧めの季節：**冬の陽だまり季節**　歩行距離：**7〜8キロ**
標高：**120ｍ（平さん棚田）**　標高差：**120m 前後**

温泉データ

上関海峡温泉 鳩子の湯
泉質：塩化物冷鉱泉
所在地：熊毛郡上関町大字室津 924　☎ 0820-62-1126

最寄りの施設

道の駅 上関海峡
☎ 0820-62-1139
室津港の湾内に造られた白亜の壁が特徴的な道の駅。港に隣接という立地条件を生かした、新鮮な魚介類の販売コーナーは充実。室津港は祝島への渡船発着地である。

コースの特徴

周囲約12㎞、ハートの形をした小さな島・祝島は、周防灘と伊予灘の境界に位置している。上関港から西方へ16キロ離れている。奈良時代から機内と九州一円を結ぶ最短の航路上にあり、海運の要衝地としてもその名を知られてきた。万葉集では「伊波比島《いはひしま》」と表記され、船の安全を祈願する神霊の島として崇められてきたという。

高度経済成長期以降、人口減少に歯止めがかからず、近年の人口は約400人前後を推移している。本土との交通の便は、1日3便の船便のみ。その隔絶感がこの島の神秘性に拍車をかけているといえるだろう。1年を通して温暖な気候であり、山麓には見事な段々畑が作られており、特産のビワやミカンが栽培されている。島の独特の景観は、主に2つある。

1つ目は、江戸時代の後期より作られ始めたといわれる「石積みの練塀」。潮

（上）祝島遠景
（左）石積みの練塀　（中）祝島を離れる　（右）祝島への渡船

風への防風機能のみならず防火機能も併せ持つともいわれる。石と土を積み重ね、しっくいで固めた「練塀」は、夏は涼しく、冬は暖かく、集落を気候変化から守ってもいる。もう1つは、通称「平さんの棚田」と呼ばれる高さ9mにも達する石積み。親子3代にわたり重機を使わずに人力で築きあげたもので、人間の偉大さを感じる景観である。

アクセス　山陽自動車道・玖珂ICまたは熊毛ICから室津港まで車で約50分
室津←→祝島：定期船40分（1日3往復）

問い合わせ先　上関町役場祝島支所　☎0820-66-2003

島・海岸・浜辺

山辺　野辺　**海辺**　川辺

鳥取県

鳥取市

白《はく》兎《と》海《かい》岸《がん》

45

日本の神話世界に身を浸す

（上）白兎神社
（下）白兎神社の敷地内

コースデータ

徒歩総時間：**30 分**　楽しめる期間：**通年**
お勧めの季節：**ハマナス開花 5 月、冬の陽だまり季節**
歩行距離：**約1キロ**　標高：**10 m（白兎神社）**　標高差：**ほとんど無し**

温泉データ

岩井ゆかむり温泉
泉質：硫酸塩泉
所在地：岩美郡岩美町岩井 521　☎ 0857-73-1670

最寄りの施設

道の駅 神話の里白うさぎ
☎ 0857-59-6700
施設の目の前に「因幡の白兎」で有名な白兎海岸が広がる絶好の展望地。白兎にちなんだ各種の土産物、情報入手コーナーを含め、地元の特産品を使った料理を提供する海鮮活魚いけす料理レストランなどもある。

コースの特徴

日本の神話では必ず登場する白兎海岸は、神話「因幡の白うさぎ」の舞台である。隠岐の島に流されたうさぎがワニザメをだまして気多の崎まで帰ろうとした。ワニを欺いた報いに皮をむかれて苦しんでいる時に、大国主命が通りかかり「真水で体を洗い、ガマの穂にくるまっていなさい」と言われ完治したという。

海岸そのものは、整備されていて神話の雰囲気はない。白い砂浜がどこまでも弓なりに連なり、その景観の美しさはあらゆる世代を惹きつけてもいる。その美しさ故か、２０１０年には、「恋人の聖地」にも認定されている。夏は一日中、若者たちや子どもたちの嬌声が響き渡る、現世の波打ちぎわとなる。冬はさすがに寒風吹きすさぶ、うら淋しい海岸となってしまうので、お勧めの季節は、秋もしくは春。

海岸線の曲線美に堪能した後は、歩いてすぐの白兎神社へと参詣したい。この

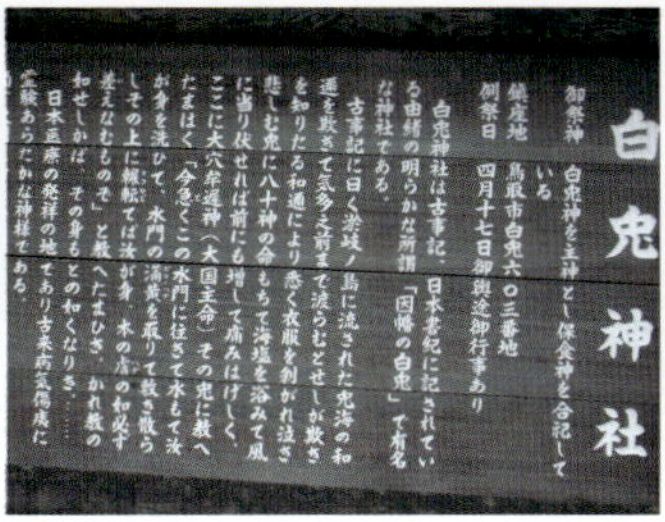

（上）夏は賑わう白兎海岸
（左）白兎神社の鳥居　（中）白兎神社・由来の案内板　（右）白兎神社への参道

神社は、日本神話に登場する因幡の白兎を始祖とする白兎神を主祭神としている。神話の内容に基づき、皮膚病に霊験のある神として信仰を集めている。また、縁結びの神としても恋路のみならず、他人との親交を深める意味でも参詣する人が絶えない。海岸近くには、天然記念物「ハマナス」の生息地があり、5月下旬～6月上旬には、赤紫の花が楽しめる。

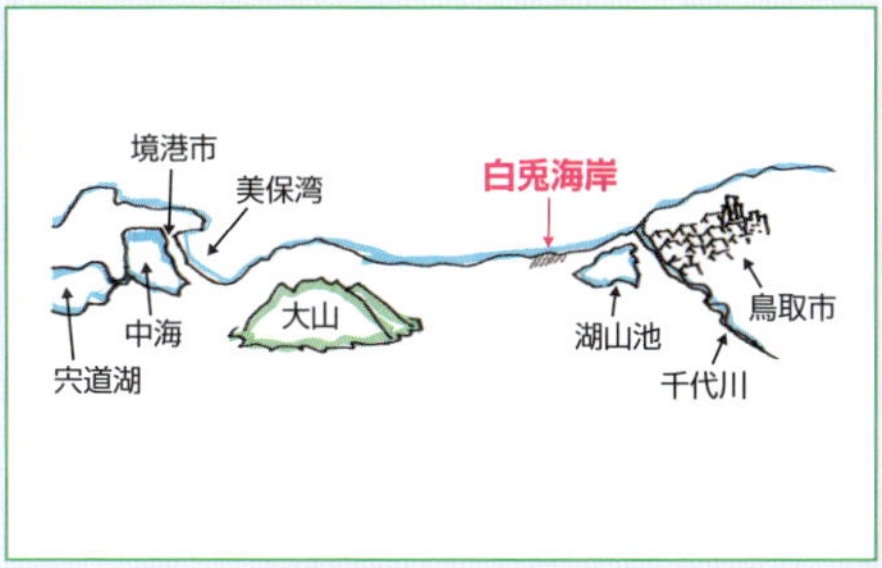

アクセス	鳥取自動車道・鳥取ICから車で約15分
問い合わせ先	鳥取市観光コンベンション協会 ☎0857-26-0756

海辺の展望地

山辺 野辺 **海辺** 川辺

広島県

呉市

倉《くら》橋《はし》火《ひ》山《やま》

46

瀬戸内海の穏やかさに包まれる絶景地

倉橋火山山頂部から

コースデータ

徒歩総時間：**1時間**　楽しめる期間：**通年**
お勧めの季節：**桜の４月、冬の夕暮れ時**　歩行距離：**約1キロ**
標高：**408ｍ（火山）**　標高差：**100m 前後**

温泉データ

桂浜《かつらがはま》温泉館
泉質：含弱放射能塩化物温泉
所在地：呉市倉橋町 431　☎ 0823-53-2575

最寄りの施設

桂浜温泉館
☎ 0823-53-2575
温泉だけでなく、レストランや地域の特産品を販売するショップもある。駐車場やトイレも。桂浜に隣接する場所にあるので、倉橋火山への登山ルートの拠点ともなる。

コースの特徴

現代の「龍宮城」という表現が大袈裟に聞こえないくらい、この山の周囲には展望地が点在する。まずは、山頂部へと向かおう。倉橋島の桂浜方面へと行く途中のトンネル付近から、山頂近くの駐車場へと向かう分かれ道からが分かりやすい。数台くらいのスペースやトイレのある駐車場からは、倉橋火山、ならびに後火山山頂双方へと登ることができる。後火山（436m）への途上にも展望スペースはあるが、自然の巨岩が山頂部にある倉橋火山からの展望を勧める。

駐車場わきから山頂部への登り坂が始まる。結構な傾斜度のある道だが、ものの20分もあれば山頂に到着である。山頂からの展望は、筆舌に尽くしがたい。眼下には倉橋の小さな港町が見下ろせる。その左手には、まるで龍宮城へと向かう亀の頭のようにも見える、長串の鼻（岬）が瀬戸内海へ突き出している。対面の岬

(上) 桂浜からの展望
(左) 午後のひととき　(中) スケッチするひと時　(右) 松林が続く景勝地でもある

は木長鼻である。目を沖に転じれば、瀬戸内海航路要衝の島でもあった鹿島や、周防大島、柱島など安芸灘に浮かぶ島々が顔を出している。

　夕暮れ時にこの山頂に立ち、紅色に暮れなずむ瀬戸内海の多島美世界を眺めるだけで、現代の龍宮城に導かれていく気分に浸れる。下界におり、桂浜からの景観も絶景である。

アクセス　呉市の南にある、音戸の瀬戸から倉橋島方面へ車で約 40 分

問い合わせ先　呉広域商工会倉橋支所
☎ 0823-53-0030

多島美世界を満喫

海辺の展望地

山辺 野辺 **海辺** 川辺

広島県

三原市

筆影山《ふでかげやま》

47

しまなみ海道の島々を一望

コースデータ

徒歩総時間：**1時間**　楽しめる期間：**通年**
お勧めの季節：**桜4月、秋の紅葉、冬の夕暮れ時**
歩行距離：**約2キロ**　標高：**311m（筆影山）**　標高差：**ほとんど無し**

温泉データ

みはらし温泉
泉質：塩化物泉
所在地：三原市須波ハイツ1-1-1　☎0848-69-1611

最寄りの施設

道の駅 みはら神明の里　☎0848-63-8585
レストラン、土地の野菜、土産物などの充実度はもちろんだが、この施設の売りは、瀬戸内海の展望度にある。道の駅では珍しく、海を見下ろす高台の丘に位置する。しまなみ海道沿いの島々や、瀬戸内海小さな島々を眺めながら一息つける。

コースの特徴

江戸時代後期の儒者・詩人だった頼山陽によると、この山は海に映ると山の形が筆の様に見えるということで、筆影山と命名されたという。呉市方面へと延びる尾根筋には、西に連なる葉田竜王山（４４５m）とともに、瀬戸内海の多島美を満喫できる場所としてその名を知られる。

それは、２つの山とも山頂近くの展望スペースまで車にてアプローチが可能であること、さらには、瀬戸内海沿岸に聳《そび》える山ではそれなりの標高を持つということだろう。もちろん、この山域から望む瀬戸内海には、しまなみ海道の島々をはじめ、とびしま海道の島々など、大小無数の島々が点在している。気象条件が整い、よく晴れた日には石鎚山系などの四国山地が遠望でき、さらに、しまなみ海道の10橋のうち７つの橋までもを俯瞰することができる。

また、季節の彩りに富む場所でもあ

(上) 展望地からのしまなみ海道方面
(左) 秋の紅葉景色　(中) 公園地にある東屋　(右) 季節折々の花が楽しめる

る。筆影山頂下の駐車場を起点とする、一周４００ｍの敷地は公園地で、春には２０００本のソメイヨシノが咲き誇り、時折吹く海風により桜吹雪の瞬間に立ち会えることもある。秋には、山頂付近が見事な紅葉となる。

さらに良く冷えた冬の早朝には、眼下に海霧が発生し、その霞みの中に島々が浮かぶ絶景も見ることができる。

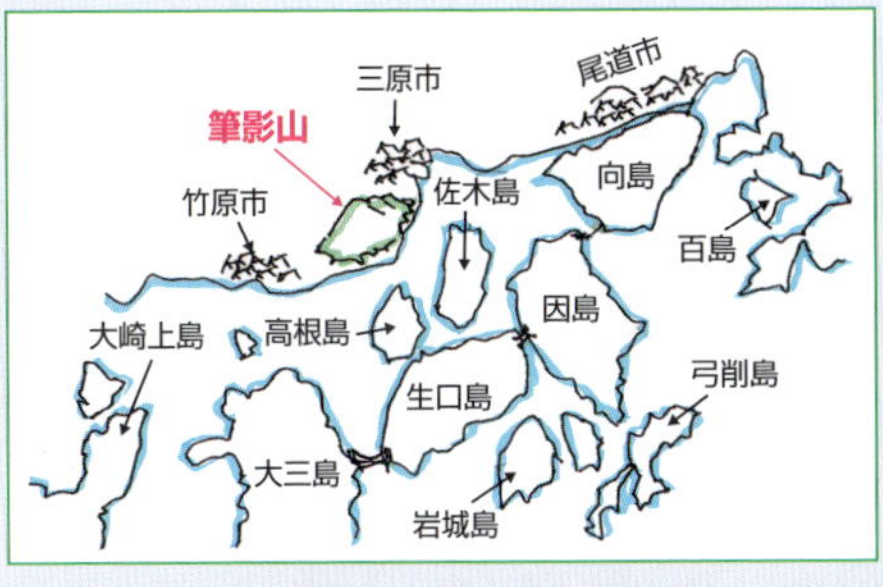

アクセス　山陽自動車道・三原久井 IC から県道 25 号経由、筆影山山頂駐車場まで車で約 40 分

問い合わせ先　三原観光協会
☎ 0848-63-1481

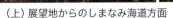

潮待ち・風待ちの港町、上関

海辺の展望地

山辺 野辺 **海辺** 川辺

山口県

熊毛郡上関町

室《むろ》積《づみ》半《はん》島《とう》

48

遥か四国山脈、国東半島を望む

コースデータ

徒歩総時間：**2 時間**　楽しめる期間：**通年**
お勧めの季節：**桜の 4 月、冬の夕暮れ時**　歩行距離：**1〜2キロ**
標高：**314 m（上盛山）**　標高差：**ほとんど無し**

温泉データ

上関海峡温泉 鳩子の湯
泉質：塩化物冷鉱泉
所在地：熊毛郡上関町大字室津 924　☎ 0820-62-1126

最寄りの施設

道の駅 上関海峡
☎ 0820-62-1139
室津港の湾内に造られた白亜の壁が特徴的な道の駅。港に隣接という立地条件を生かした、新鮮な魚介類の販売コーナーは充実。この道の駅裏手からも上盛山を望める。

コースの特徴

室積半島を一周する道路を走っていると、東岸から南岸沿いには周防大島、平郡島、そして遥か彼方に伊予灘をはじめ四国山脈まで見えてくる。そして西岸沿いは、周防灘に浮かぶ島々の展望が望める。半島一周するだけで、穏やかな瀬戸内海の風情を背景とし、点在する小さな集落がまるで一服の絵のような景観である。

その室積半島両岸からの眺めを一度に満喫できる場所がある。灯台型の展望台のある上盛山展望台。山の標高３１４ｍ。室積半島突端部にある長島の最高峰である。その昔、神山と呼ばれていた山頂には展望台がある。展望台直下までは車でのアプローチも可能。展望台からの眺望は３６０度の絶景である。

まず東側に山口百名山にも選ばれている皇座山がその麗しい山容を見せる。眼下には小さな入り江に寄り添うように並ぶ上関の家並み群。さらに目をぐるりと

(上) 室積半島を俯瞰する　(左) 昭和の面影のある上関裏道
(中) 室積半島西岸からの上盛山　(右) 室積半島、東岸沿いの漁港

回転させれば、入り組んだ美しい海岸線を持つ室津半島をはじめ、周防灘に浮かぶ島々、四国や九州の山並みまでが一望できる。よく晴れた日には遠く四国・佐田岬、九州・国東半島までもが視野に入る。

圧巻は、周防灘に沈んでいく太陽を眺める日没時の光景である。

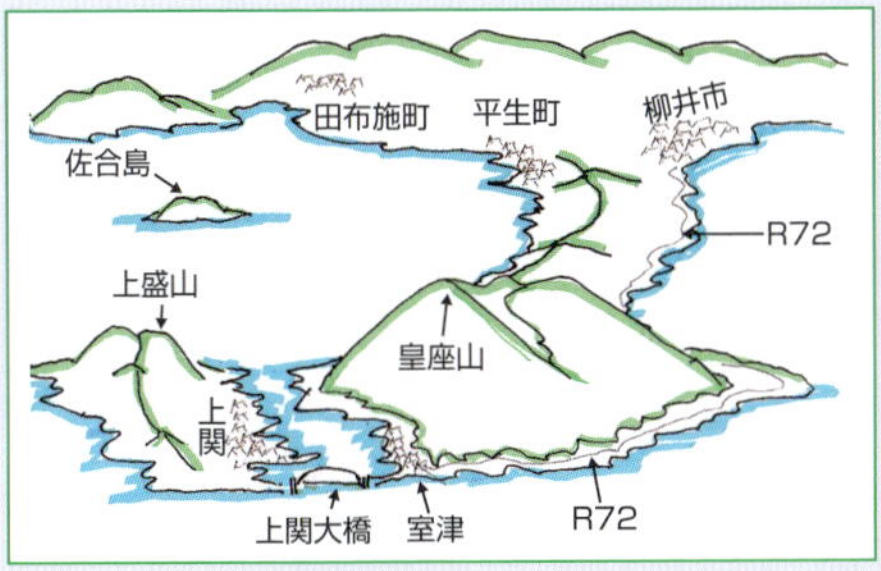

アクセス	山陽自動車道・徳山東 IC から国道 188 号、県道 23 号経由、上盛山展望台まで車で約 70 分
問い合わせ先	上関町観光協会　☎080-2898-2014

（上）角島へ渡る大橋
（下）俵島

海辺の展望地

山辺　野辺　海辺　川辺

山口県

下関市・長門市

角島《つのしま》・俵島《たわらじま》 49

北長門海岸国定公園の美しい宝石

コースデータ

徒歩総時間：**30分**　楽しめる期間：**通年**
お勧めの季節：**田植え前、秋のダルマギク開花期**
歩行距離：**1〜2キロ**　標高：**15ｍ**　標高差：**ほとんど無し**

温泉データ

油谷湾温泉ホテル楊貴館
泉質：アルカリ性単純温泉
所在地：長門市油谷伊上130　☎0837-32-1234

最寄りの施設

しおかぜの里 角島　☎083-786-0700
角島のほぼ中心部にあり、駐車場やトイレ、レストランを備えた総合施設。響灘や日本海で採れた新鮮なワカメ、イカ、アワビ、サザエなど特産品の販売コーナーや情報コーナーも充実。角島の情報や物品・土産物は、ほとんどここで入手可能。

コースの特徴

この2つの小さな島は、北長門海岸国定公園の中心的存在・油谷湾一帯における小さな宝石たちと呼べるだろう。テレビのコマーシャルなどでお馴染みの、全長1780mに及ぶ角島大橋を渡ると、意外にも牧歌的な景観が展開してくる。そこが角島である。

多くの人が訪れる角島灯台とは反対側に牧崎風の公園がある。ここは、10月下旬から11月にかけてダルマギクの花が満開となり、遊歩道が公園そばの牧場まで延びる。この牧崎地区は、奈良時代から朝廷に納める牛の育成場所でもあった。春先は穏やかな牧草地からの青い匂いを嗅《か》ぎながら、夏は潮風に吹かれながら、そして秋は花の群生を愛でながらと、四季折々の変化を楽しみながらの優雅な海岸散策ができる。

油谷湾を挟んで、この角島や角島大橋を眺める絶好のポイントが俵島である。

（上）油谷湾を背景にする棚田群
（左）美しい弧を描く俵島への浜辺　（中）掛淵川　（右）角島灯台から牧崎風の公園を見る

柱状節理の地形でも有名だが、夕陽スポットとして知る人ぞ知る場所。もう1つ、油谷湾沿いでお勧めポイントは、湾の東側にある掛淵川沿いの景観である。夕暮れ時ともなると、油谷湾から帰ってくる小船が、まるで運河のような掛淵川沿いに上ってくる。緩く曲線を描く木製の橋に佇みながら、油谷湾に沈む夕陽を見るひと時を過ごしてもらいたい。

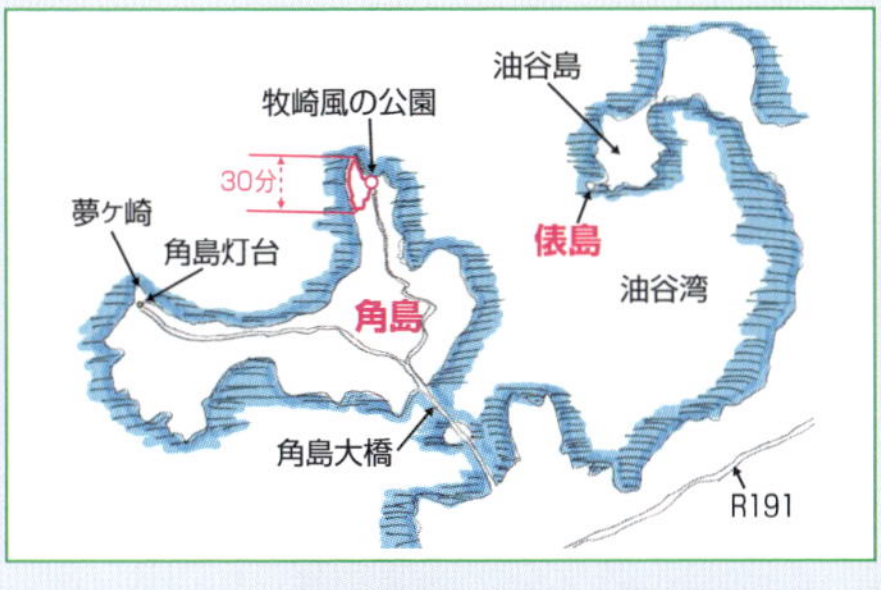

アクセス　中国自動車道・美祢 IC から国道 435 号、県道 275 号経由、角島大橋まで車で約 60 分

問い合わせ先　豊北町観光協会観光案内所
☎ 083-786-0234

（上）出雲大社
（下）美保神社

海辺の展望地

山辺　野辺　**海辺**　川辺

島根県

松江市

枕《まくら》木《ぎ》山《やま》

50

島根半島にある出雲国神仏霊場・第七番札所

コースデータ

徒歩総時間：**1時間**　楽しめる期間：**4～11月**
お勧めの季節：**桜4月、秋の紅葉**　歩行距離：**約4キロ**
標高：**456ｍ（枕木山）**　標高差：**100m前後**

温泉データ

天然温泉 夕凪の湯（御宿 野乃）
泉質：単純温泉
所在地：鳥取県境港市大正町216　☎0859-44-5489

最寄りの施設

道の駅 本庄　☎0852-34-1528
特産品売り場と喫茶コーナーがあり、また24時間のコンビニエンスストアを併設。西条柿をベースにした「柿ソフトクリーム」と「柿ジュース」が人気。また本庄地区は武蔵坊弁慶が生まれ育った地として、周辺には弁慶島・弁慶森など弁慶にまつわる伝説の地がある。

コースの特徴

松江から境港への途上、左手に大きな山の塊が見えてくる。標高456ｍの枕木山である。何度もヘアピンカーブを繰り返しながら山頂にある華蔵寺の山門までは車で登れる。「仁王門」では、運慶作といわれる「金剛力士像」が出迎えてくれる。さらに石段を登っていくと、左手にユニークな石の不動明王が出迎えてくれる。苔むした巨石に浮かぶ険しい表情が独特の存在感を醸し出している。

さらにもう一息がんばって歩くと、突如、大きな伽藍《がらん》が点在する本堂界隈の台地状の場所に出る。ここは、延暦年間に天台宗の僧・智元上人が開基し、その後南禅寺の末寺となっている。江戸時代には、歴代松江藩主の帰依が篤《あつ》く、外護を受け現在に至っている。出雲国神仏霊場・第七番札所として新たな参詣場所ともなり、またその展望の良さから地元のデートスポットとしても知られる。

境内周囲を参拝見学した後は、頂上周辺

(上) 中海と背後に見える孝霊山
(左) 華蔵寺への参道　(中) 華蔵寺・不動明王　(右) 花咲く頃の華蔵寺

にある展望所へと足を伸ばしてみよう。テレビ塔近くの場所からは、中海に浮かぶ「大根島」や「江島」、境港を結ぶ「江島大橋」、美しい曲線美を描く「弓ヶ浜半島」を眼下にすることができる。さらに気象条件が整えば、海沿いに米子の市街地、そして、その背後に聳《そび》える中国地方最高峰の「大山」や、その周辺峰「孝霊山」などの雄大なパノラマも堪能することができる。

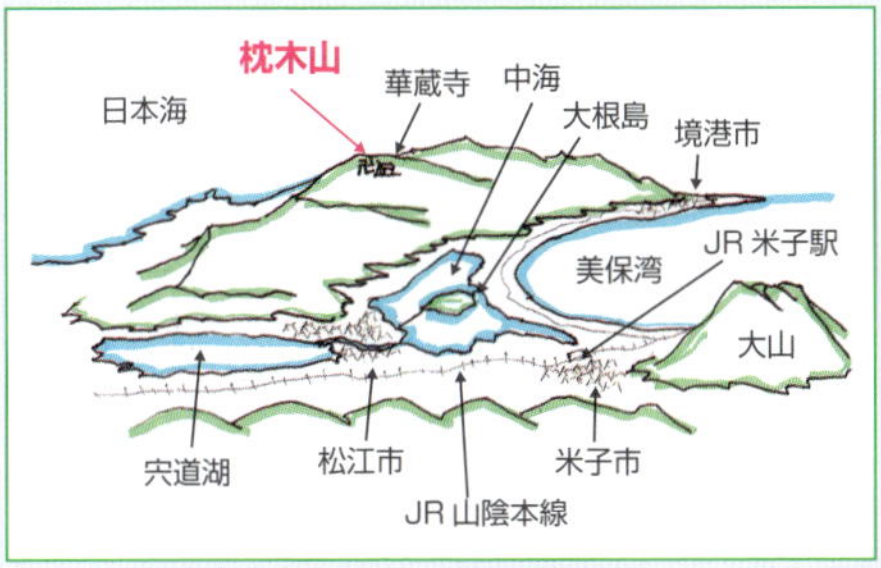

アクセス　JR 松江駅から国道 431 号を経て、車で約 40 分

問い合わせ先　松江観光協会
☎ 0852-27-5843

潮待ち・風待ちの港町

山辺 野辺 **海辺** 川辺

広島県

福山市

鞆《とも》の浦《うら》 51

江戸時代にタイムトリップできる港町

(上) 鞆の浦を俯瞰する
(下) 小さな路地歩きが楽しい

コースデータ

徒歩総時間：**1時間**　楽しめる期間：**通年**
お勧めの季節：**冬の陽だまり季節**　歩行距離：**4〜5キロ**
標高：**39 m (医王寺)**　標高差：**30 m前後**

温泉データ

鞆の浦温泉 ホテル鴎風亭《おうふうてい》
泉質：単純弱放射能冷鉱泉
所在地：福山市鞆町鞆 136　☎ 084-982-1123

最寄りの施設

人生感が変わる宿「ここから」
☎ 084-982-2111
鞆の浦の東側にある仙酔島にある宿。鞆の浦と仙酔島をゆっくりと満喫する際にもってこいの宿。敷地内には、「歳時記風呂」と呼ばれる、季節旬の草花、葉、樹皮などを配合した露天風呂などもある。

コースの特徴

江戸時代には、「潮待ちの港町」として、その名は瀬戸内海一円に知られていた。この港町の沖合が、瀬戸内海の中でも潮流の交わる場所であり、航路上の難所であったことが背景にある。豊後水道からの西側潮流と紀伊水道から東側潮流が、満潮時には鞆の浦沖でぶつかり、逆に干潮時には鞆の浦沖を境にして東西に分かれて流れ出してゆく場所なのである。

特に大型帆船が建造されるまでの、「地乗り」と呼ばれる沿岸航海が主流の時代には、瀬戸内海を往来する船の多くは、鞆の浦で潮流が変わるのを待たなければならなかった。そんな難所の近くで、慶応3年4月23日、坂本龍馬率いる海援隊の船・いろは丸と紀州和歌山藩船・明光丸が衝突する事件が発生する。瀬戸内海の備中・六島沖にて発生した、通称「いろは丸事件」と呼ばれる一連の出来事中に、坂本龍馬はここ鞆の浦にもしばらく

（上）常夜灯近く
（左）時間がゆっくりと流れる町　（中）海の幸も味わえる　（右）穏やかな午後の港

逗留した。

現在、常夜灯の近くにある江戸時代築の蔵（国登録有形文化財）を利用して、いろは丸に関連する資料などが展示されている。まるで江戸時代にタイムトリップしたかのような町の中には、龍馬たちが泊まったといわれる「旧枡屋清右衛門宅」や賠償交渉の場所の1つ「福禅寺・対潮楼」などもある。

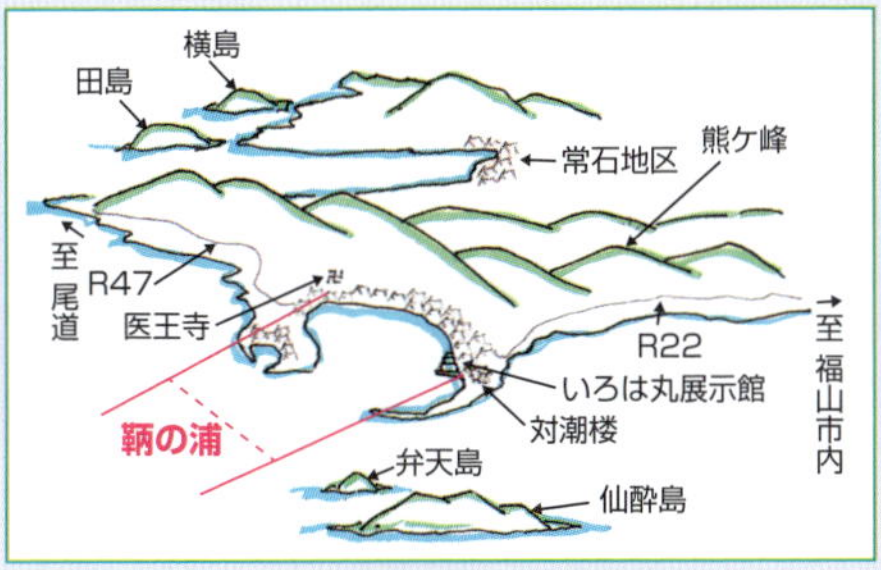

アクセス	山陽自動車道・福山東ICから県道380号経由、車で約30分
問い合わせ先	鞆の浦観光情報センター ☎084-982-3200

潮待ち・風待ちの港町

山辺 野辺 **海辺** 川辺

広島県

呉市

御《み》手《たら》洗《い》

52

とびしま海道先端部に位置する港町

(上) 茶屋・若胡子屋跡
(下) 冒険者・中村春吉の墓碑

コースデータ

徒歩総時間：**1時間**　楽しめる期間：**通年**
お勧めの季節：**冬の陽だまり季節**　歩行距離：**約2キロ**
標高：**5m（町中心部）**　標高差：**ほとんど無し**

温泉データ

かまがり温泉 やすらぎの館
泉質：天然ラドン温泉
所在地：呉市蒲刈町大浦 7605　☎0823-66-1126

最寄りの施設

県民の浜　☎0823-66-1177
宿泊・食事のサービス設備はもとより、天体観測にも最適な浜を持つ総合型施設。眼前には瀬戸内海の多島美が広がり、四季折々に変化する自然の魅力をたっぷりと感じながらの滞在や、研修などにも活用されている。

コースの特徴

多島美世界で知られる瀬戸内海の中でも、御手洗の港町のある大崎下島あたりは、大小さまざまな島が点在する場所として知られる。その島々が自然の防波堤や防潮堤ともなり、島々の中に天然の良港を形成してきた。その中でも御手洗の港町は、広島藩による他国米の取引が認可された数少ない場所として繁栄を極めていく。18世紀から19世紀にかけては、「江戸・東京にあるものはすべてこの町にもある」というほど、地元の人たちは中国地方第一の港と自負するくらいだった。

そんな御手洗の由来には諸説がある。三韓征伐の際に神功皇后がこの地で手を洗ったという説。菅原道真が太宰府へ流された際に、この町にあるお宮の井戸でうがいと手を洗ったことに由来する説。平清盛にまつわる説など。諸説どれが定かとはいえないだろうが、重要な海運上の拠点であったことは間違いないだろう。

（上）一輪挿しの町　（左）町名由来の井戸がある天満宮
（中）船宿家屋を活用している　（右）昔ながらの時計屋さん

一時、瀬戸内海の海賊・村上水軍もこの港町に拠点を置いていた。

平日には静寂さに包まれるこの町では、往時１００人前後の芸妓を抱えていた御手洗最大の茶屋・若胡子屋の屋敷跡、庄屋の別宅・旧柴屋住宅、町名由来の井戸や冒険者・中村春吉の碑もある御手洗天満宮などを巡りたい。

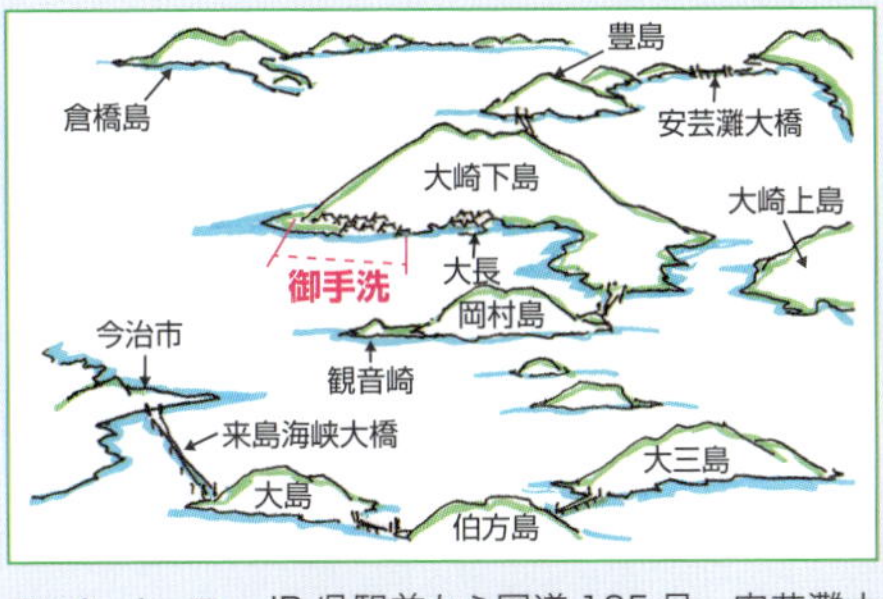

アクセス	JR 呉駅前から国道 185 号、安芸灘大橋を経由、車で約 70 分
問い合わせ先	呉市豊町観光協会 ☎ 0823-67-2278

潮待ち・風待ちの港町

山辺　野辺　**海辺**　川辺

広島県

呉市

蒲《かま》刈《がり》

53

朝鮮通信使で知られる港町

対岸からとびしま海道を俯瞰する

コースデータ

徒歩総時間：**1時間**　楽しめる期間：**通年**
お勧めの季節：**冬の陽だまり季節**　歩行距離：**約2キロ**
標高：**5m（中心部）**　標高差：**ほとんど無し**

温泉データ

かまがり温泉 やすらぎの館
泉質：天然ラドン温泉
所在地：呉市蒲刈町大浦 7605　☎0823-66-1126

最寄りの施設

松濤園　☎0823-65-2900
宮島の門前町にあった町屋を移築し、初期伊万里焼から柿右衛門様式の陶磁器が展示されている館や、富山県砺波から移築し内部を朝鮮通信使資料館として活用している御馳走一番館、山口県上関町からは藩政時代の大庄屋旧家を移築した館などを保存・展示している。

コースの特徴

この港町の歴史において、朝鮮通信使の存在を抜きに語ることはできない。朝鮮通信使とは、豊臣秀吉の朝鮮出兵の後、江戸幕府が李氏朝鮮との友好関係を築くこととし、朝鮮から幾度かにわたり受け入れた外交使節団のことである。この通信使の一行がとった大陸からの航路ルートは、プサンから下関の赤間が関に到着後、瀬戸内海を航行し、大坂に上陸、その後は、東海道を江戸まで参内した。

特に瀬戸内海の航海は、幕府の定めた各藩の主な港・海駅に立ち寄っている。その寄港地とは、現在の山口県では、赤間が関（長門国）、上関（周防国）、広島県では、蒲刈三ノ瀬（安芸国）、鞆（備後国）、岡山県では牛窓（備前国）などだった。

当時は、鎖国時代だったので、瀬戸内海沿岸の人々にとって、この朝鮮からの一団は、貴重な異文化の接触機会でもあり、各藩が競うように接待をした。

(上) 朝鮮通信使再現行列の行事
(左) 上蒲刈　(中) 蒲刈島での夕暮れ時　(右) 蒲刈島からの瀬戸内海

通信使に随行した対馬藩主は、浅野広島藩が蒲刈で接待した料理内容を、「安芸蒲刈御馳走一番」と絶賛している。現在、朝鮮通信使資料館「御馳走一番館」では、当時の汁物三種類と料理十五種類の「三汁十五菜」の再現を試みている。

アクセス	JR 呉駅前から国道 185 号、安芸灘大橋を経由、車ですぐ
問い合わせ先	蘭島文化振興財団事務局 ☎ 0823-65-2029

（上）船形山車
（下）木蓮寺境内

潮待ち・風待ちの港町

山辺　野辺　**海辺**　川辺

岡山県

瀬戸内市

牛窓《うしまど》 54

日本のエーゲ海と称せられた光景

コースデータ

徒歩総時間：**1時間**　楽しめる期間：**通年**
お勧めの季節：**オリーブの6月開花時・10月収穫時**　標高：**166m（オリーブの丘）**
歩行距離：**4キロ（オリーブの丘への道）**　標高差：**150m**

温泉データ

和《わ》気《き》鵜《う》飼谷《がいだに》温泉
泉質：アルカリ性単純温泉
所在地：和気郡和気町益原 666-1　☎ 0869-92-9001

最寄りの施設

海遊文化館
☎ 0869-34-5505
1887 年に牛窓警察署庁舎として建築されたレトロな建物。館内には、豪華な装飾をこらした、秋祭り時に町内を練り歩く「山車」や、朝鮮通信使の貴重な資料なども展示。牛窓の歴史文化紹介のビデオ上映もある。

コースの特徴

日本有数のオリーブの里としても知られる牛窓の海は、昭和世代には「日本のエーゲ海」としても記憶されている。温暖な気候に恵まれ、眼前に展開する瀬戸内海の絶景は見事である。町の北側にあるオリーブ園の丘に登ると、東は赤穂や相生の沿岸部、南は前島、その背後の香川県・小豆島の島影、そして西には入り組んだ小さな岬や半島群などの他に類を見ない美しい多島美世界を満喫できる。

現在は落ち着いた雰囲気の漂う瀬戸内有数の観光地は、かつて江戸時代には、瀬戸内海航路の主要な港町の1つとして繁栄を極める。その痕跡を巡る散策は、まず旧牛窓警察署本館の建物を改装した海遊文化館から始めよう。館内には、岡山県の重要有形民族文化財の指定を受けている、竜頭の船型山車（だんじり）が2基展示されている。さらに、朝鮮通信使の一団に関係する貴重な資料なども展

（上）瀬戸内海の煌めく海面　（左）町中にある、だんじり置き場
（中）金毘羅宮荒神社への坂道　（右）オリーブの丘から西側の展望

示されている。

　その後は、町中を歩こう。しおまち唐琴通りと呼ばれる路地には、往時の賑わいの残り香が漂っている。特に、本蓮寺境内の本堂や三重塔は必見。さらに、町の東側にある金毘羅宮荒神社のある丘へ上がると、瀬戸内海のきらめく海面が出迎えてくれるだろう。

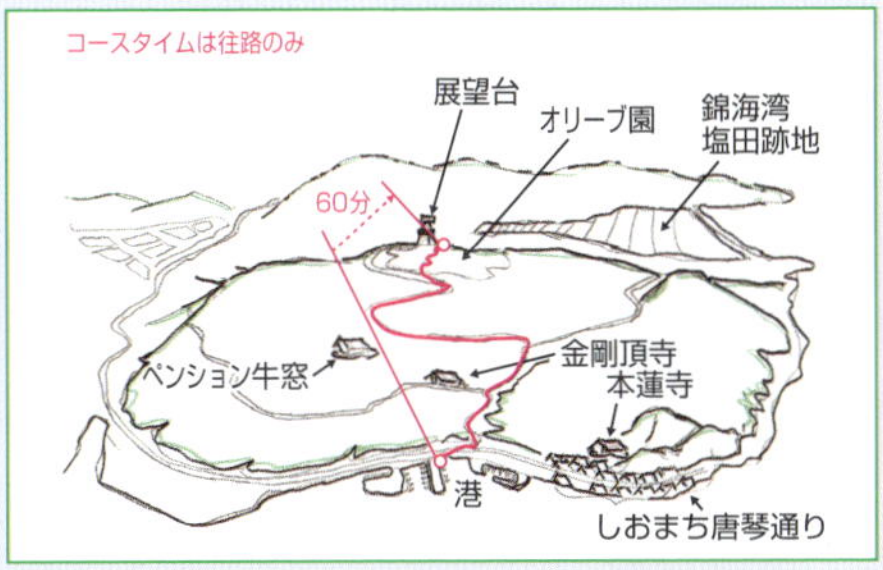

アクセス　瀬戸中央道・早島ICから国道2号バイパス、岡山ブルーライン（邑久IC下車）、県道39号と乗継ぎ、牛窓まで車で約60分

問い合わせ先　瀬戸内市観光協会　☎0869-34-9500

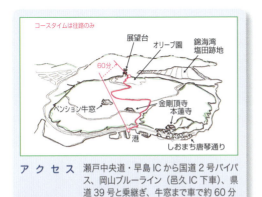

潮待ち・風待ちの港町

山辺　野辺　**海辺**　川辺

岡山県

倉敷市

下《しも》津《つ》井《い》

55

名峰・鷲羽山を背にする天然の良港

（上）寒ダコの日干し
（下）地元の漁師唄を披露

コースデータ

徒歩総時間：**1時間**　楽しめる期間：**通年**
お勧めの季節：**冬の陽だまり季節**　歩行距離：**1〜2キロ**
標高：**0〜10m**　標高差：**ほとんど無し**

温泉データ

鷲羽山吹上温泉 鷲羽ハイランドホテル
泉質：単純弱放射能泉
所在地：倉敷市下津井吹上 303-17　☎086-479-9500

最寄りの施設

むかし下津井回船問屋　☎086-479-7890
明治時代の回船問屋の建物を復元した資料館。豪壮な当時の商家の内部を再現。敷地内では下津井に伝わる地元の漁師唄なども披露されるコーナーも。下津井にまつわる資料の展示や、地元特産物の販売、食事処もある。

コースの特徴

現在、瀬戸大橋の巨大な架橋の下部に位置し、その存在が隠されてしまったようになっている下津井の町。この町の名前は、古く奈良時代・平安時代の文献にも、「風待ち・潮待ちの湊」として記されている。瀬戸内海を航行した遣唐使の一行や、大陸からの渡来人らも、この港に立ち寄っていたのだろう。

特に江戸時代から明治時代にかけては、北前船の寄港地として町中には、多くの回船問屋が軒を連ねていたという。また、同じ江戸時代には、備前岡山藩の領地となり、1606年（慶長11年）に池田長政がこの地にあった下津井城を再築城したことで、港町周囲は城下町として発展し、綿栽培や塩田などの産業集積港としての役割も担ってきた。

もう1つ忘れてはならないのは、巡礼者の渡海港としての賑わいである。江戸時代には、山陽地方と讃岐国金刀比羅宮

(上) 古い町並みが残る
(左) 瀬戸大橋の架橋下に位置する　(中) 回船問屋の内部　(右) 下津井の中心通り

を結ぶ金比羅往来が整備され、その渡海港の1つとして下津井が拠点となった。そんな賑わいの痕跡を巡りながらの散策は、まずかつての下津井回船問屋を訪ねることからスタートしたい。その後は、小さな町の路地散策に出かけよう。特に、「杓井戸」「寺井戸」「鶴井戸」「亀井戸」と呼ばれる共同井戸群は見逃せない。

アクセス	瀬戸自動車道・児島 IC から車で約 10 分
問い合わせ先	むかし下津井回船問屋 ☎ 086-479-7890

夕陽の名所

山辺　野辺　**海辺**　川辺

広島県

呉市

56 恋《こい》が浜《はま》海水浴場・とびしま海道

夕陽と海が奏でる黄昏シンフォニー

安芸灘大橋

コースデータ

徒歩総時間：**30分**　楽しめる期間：**通年**

お勧めの季節：**：空気が澄む冬季**　歩行距離：**ほとんど無し**

標高：**0m**　標高差：**ほとんど無し**

温泉データ

かまがり温泉 やすらぎの館

泉質：天然ラドン温泉

所在地：呉市蒲刈町大浦7605　☎0823-66-1126

最寄りの施設

であいの館　☎0823-68-0120

蒲刈大橋を渡るとすぐ右手の高台にある。瀬戸内海の展望が開けた場所にあり、ここからの夕陽鑑賞もお勧めポイント。藻塩めん、藻塩アイス、いちごジャム、藻塩の塩まんじゅう、蒲刈産乾燥ひじきなどの地域の特産品も並び、食事や休憩・総合案内所の機能もある。

コースの特徴

安芸灘とびしま海道は、2008年11月に最後の連絡架橋である豊島大橋が開通し、本土と芸予諸島の島々が7つの連絡架橋で結ばれたことで誕生した。

安芸灘に浮かぶ小さな島々を結んだルート沿いなので、夕陽鑑賞スポットは各地に点在している。海岸や浜辺はもちろんのこと、島の里山山麓にある柑橘類の畑から、島々を結ぶ架橋走行中の車窓などから楽しめる。まさに、知られざる夕陽鑑賞のスポットの宝庫といえる。

その中でも筆頭クラスの場所を紹介しよう。上蒲刈島にある「恋が浜海水浴場」である。夏場や週末には多くの家族連れや若者で賑わう浜辺も、秋以降の平日には、打ち寄せる波の音が穏やかに松林に響く静かな場所となっている。緩やかな曲線を描く浜辺からの西方向には、上・下蒲刈島や倉橋島一帯の島影が波間に揺れている。時折、瀬戸内海での漁を終え

（上）恋が浜海水浴場
（左）夕陽と溶け合うひととき　（中）倉橋島などの島々　（右）兜岩展望台

て帰路につく小船のエンジン音が彼方から聞こえてくる。

　そんな場所で過ごす日没前後のひと時は、必ずや見る者を安らかな気持ちに浸らせてくれることだろう。本土側の野呂山山麓の展望所（兜岩展望台）から眺める、とびしま海道の島々全体が夕陽に染まる景観も見逃せない鑑賞スポットである。

アクセス　JR 呉駅前から国道 185 号経由、とびしま海道入口である安芸灘大橋まで車で約 30 分

問い合わせ先　安芸灘とびしま海道連携推進協議会
☎ 0823-66-2131（豊市民センター内）

浄土寺境内にある多宝塔

夕陽の名所

山辺 野辺 **海辺** 川辺

広島県

尾道市

浄《じょう》土《ど》寺《じ》展望台

57

尾道水道に沈む夕陽としまなみ海道の島々

コースデータ

徒歩総時間：**1時間**　楽しめる期間：**通年**

お勧めの季節：**：空気が澄む冬季**　歩行距離：**2キロ**

標高：**178 m**　標高差：**178 m**

温泉データ

尾道養老温泉

泉質：放射能泉

所在地：尾道市美ノ郷町三成 2502-1　☎0848-48-1411

最寄りの施設

浄土寺

☎0848-37-2361

616年に聖徳太子の創建と伝わる真言宗の寺院。「本堂」や「多宝塔」は国宝で、「山門」「阿弥陀堂」は重要文化財に指定されている名刹。

コースの特徴

展望台への登り道は、「観音のこみち」と呼ばれ、登り口は、浄土寺多宝塔裏手の林の中から始まる。樹林帯の中の登り道は、時折石の階段状にもなり、短いながらも変化に富んでいる。約30分もすれば、前方に展望台の建物が見えはじめる。

浄土寺山の山頂部分に設置された展望台は、意外にも地元の人にも知られてはいない。時折、運動がてらに訪れる人や、カメラを手にする人の姿を見かけるくらい。

しかし、この場所からの夕暮れ時の景観は、何度見ても時の経つのを忘れさせる感動的なものである。それは、まさしく浄土山から見る「地上に出現した極楽浄土世界」なのかもしれない。太陽が西に傾きはじめるころ、眼下では、映画の街としても知られる尾道市街地がほの赤く染まりはじめ、右手に見える尾道三山（浄土寺山もその1つ）の残り二山である、

（上）絶好のカメラポイントでもある　（左）夕暮れ時への序章
（中）尾道市街地を見下ろす高台　（右）展望台は奥の院の上部にある

西国寺山・千光寺山には西日の斜光がやさしく降り注ぎはじめる。

尾道市街地の対岸にある向島とを結ぶ連絡船が、夕暮れの尾道水道に波紋を広げながら行き交うのである。日没時間帯ともなるので、復路の下り道は足元に十分に気を付けたい。徒歩でのアプローチが心配な方は、展望台裏手近くまで車でもアプローチが可能である。

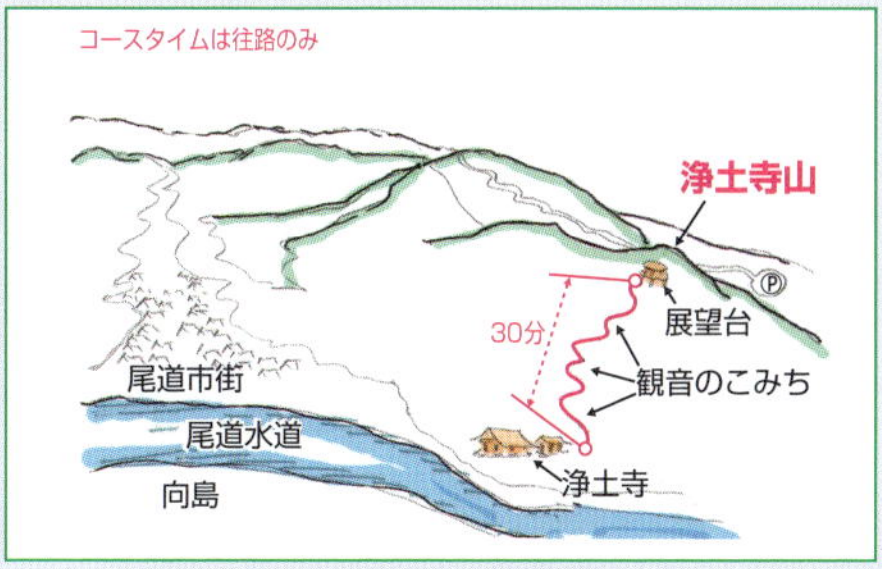

アクセス　JR 山陽本線・尾道駅から浄土寺までは徒歩約 30 分。展望台裏手の駐車場（5 台前後）まで尾道市内から車で約 10 分

問い合わせ先　尾道市観光課　☎ 0848-38-9184

串山遊歩道から東方角を見る

夕陽の名所

山辺　野辺　**海辺**　川辺

山口県

山口市

串山《くしやま》遊歩道

58

ミニアルプス的景観からの夕暮れプロムナード

コースデータ

徒歩総時間：**3時間**　楽しめる期間：**通年**
お勧めの季節：**桜の4月、空気が澄む冬季**　歩行距離：**5キロ**
標高：**150m（行者嶽）**　標高差：**100〜130m**

温泉データ

秋穂《あいお》温泉
泉質：弱放射能冷鉱泉
所在地：山口市秋穂東768-13　☎083-984-2201

最寄りの施設

海眺の宿 あいお荘
☎083-984-2201
今回紹介するルートの最終地点にある宿泊施設・温泉施設もある。宿泊予約をしておけば、夕陽鑑賞をじっくりと堪能した後、入浴、そして名物である車海老料理なども満喫できる。

コースの特徴

串山遊歩道は、秋穂コミュニティセンターから海眺の宿あいお荘までを結ぶ約5キロのハイキングコースである。山口県の健康づくりセンターも推奨するハイキングルートでどちらから歩いてもいいが、歩いた後の温泉入浴もセットで考えるとやはり、秋穂コミュニティセンターからあいお荘へのルートをお勧めする。

体力に自信のない方や、時間のない方には、あいお荘裏手からの道を登り、約30分程度で到着できる行者嶽付近の展望スペースまでの往復でもいいだろう。

秋穂コミュニティセンターからの歩きはじめには、傾斜のある坂道が待っている。そこを辛抱して尾根筋のアップダウン道に入れば、左右の海岸線や瀬戸内海の展望が開けてくる。この尾根筋は標高200mもないが、左右の大展望景観に惑わされ、アルプス的縦走気分を味わうことができる。夕暮れ時にあわせてこの

（上）国東半島方面に沈む夕陽
（左）遊歩道を歩く　（中）遊歩道の入り口付近　（右）日没前

素敵なプロムナード遊歩道を歩き、できれば日没前までにあいお荘に到着しておきたいものである。

あいお荘の展望テラスに出れば、突き出た半島の1つ「岩屋の鼻」まで連なる秋穂湾の美しい曲線カーブを眼下に見下ろすことになる。さらにその背後の夕陽の光線の中に、山口宇部空港を離発着する航空機の姿を見ることができるかもしれない。

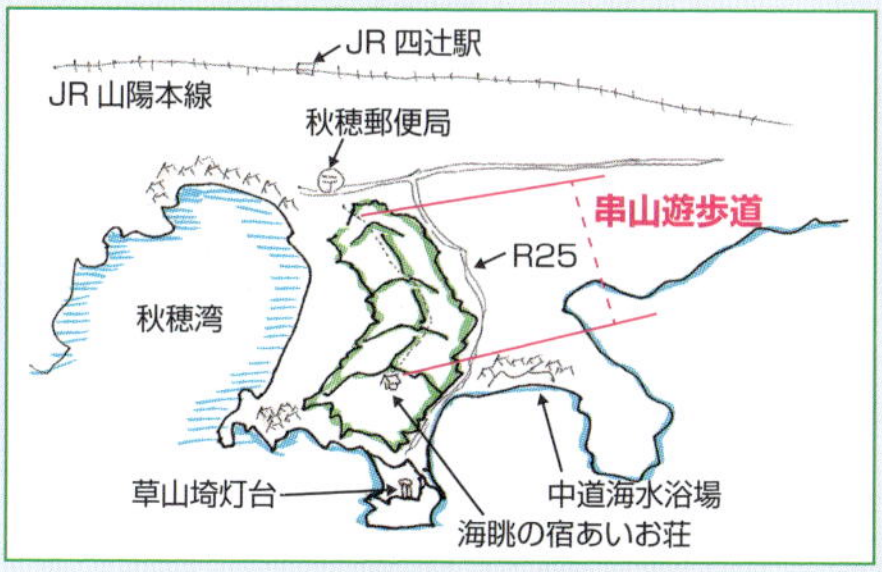

アクセス　山陽自動車道・山口南 IC から登山口である秋穂コミュニティーセンターまで、車で約 15 分

問い合わせ先　山口観光コンベンション協会
☎ 083-933-0088

上関の港町

夕陽の名所

山辺　野辺　海辺　川辺

山口県

熊毛郡上関町

上盛山《かみさかりやま》展望台

周防灘から四国連山、国東半島まで一望

59

コースデータ

徒歩総時間：**なし**　楽しめる期間：**通年**
お勧めの季節：**桜の４月、空気が澄む冬季**　歩行距離：**ほとんど無し**
標高：**314 m（上盛山）**　標高差：**ほとんどなし**

温泉データ

上関海峡温泉 鳩子の湯
泉質：塩化物冷鉱泉
所在地：熊毛郡上関町大字室津 924　☎ 0820-62-1126

最寄りの施設

道の駅 上関海峡
☎ 0820-62-1139
室津港の湾内に造られた、白亜の壁が特徴的な道の駅。港に隣接という立地条件を生かした新鮮な魚介類の販売コーナーは充実。この道の駅を基点に上関や室津の町並み散策も楽しみたい。

コースの特徴

この場所は、夕陽鑑賞と同時に朝日鑑賞の場所としても紹介したい。展望台からは３６０度の展望が満喫できる。東には山口県柳井あたりから延びてくる室積半島、その入り組んだ美しい海岸線を持つ半島には、山口百名山にも選ばれている皇座山があり朝日とのコラボレーションの里山としても名高い。

南には、四国山脈が遠望でき、よく晴れた冬の日には、雪を抱いた石鎚連峰の雄姿が瀬戸内海の背後に控えている。

西に目を転じれば、祝島方向へと延びていく半島、さらにその背後には九州・国東半島の輪郭まで目にすることができる。北方角には、西中国山地の峰々の重なる尾根がグラデーションを描いている。

展望台の直下までは、車でのアプローチが可能であるが、途中ヘアピンカーブや細い道幅箇所もあり、日没後の復路運転時には特に注意を要する。

（上）西方角の展望
（左）夕暮れ時への序章　（中）灯台様展望台　（右）四国山脈を望む

東側眼下に見える小さな漁港は、上関である。最近は原子力発電所建設計画での知名度が高くなっている上関は、江戸時代に船の荷を検査する番所が設置されていた。「上関」「中関」「下関」という地名は、その番所時代の名残でもある。夕陽とともに赤く染まっていく周防灘とともに、昔日の面影もセピア色に染まっていくのである。

アクセス　山陽自動車道・徳山東 IC から国道 188 号、県道 23 号経由、上盛山展望台まで車で約 70 分

問い合わせ先　上関町観光協会
☎ 080-2898-2014

焼火神社

夕陽の名所

山辺 野辺 **海辺** 川辺

島根県

隠岐郡隠岐の島町

西《にし》ノ《の》島《しま》 60

隠岐の島・摩天崖に映える夕陽

コースデータ

徒歩総時間：**1時間**　楽しめる期間：**通年**
お勧めの季節：**夏から秋**　歩行距離：**2〜3キロ**
標高：**100ｍ**　標高差：**100ｍ前後**

温泉データ

おきにしのしま 海の駅
※入浴施設あり
所在地：隠岐郡西ノ島町美田771-1　☎08514-6-1111

最寄りの施設

おきにしのしま 海の駅　☎08514-6-1111
2015年5月、国土交通省から山陰両県で初めて「海の駅」として認定。母体は、シーサードホテル鶴丸。ホテルの前は専用のマリーナとなっており、ホテル棟、食事棟、コテージ棟と3つの棟で構成。食事棟にはカフェやバースペースもある、オーシャンフロントな贅沢感溢れる施設。

コースの特徴

隠岐の島は、４つの島で構成される。それぞれ夕陽鑑賞のスポットを持つが、ここではその中でも最高級の場所・天上界を紹介する。この天上界は隠岐を代表する景勝地、西ノ島の北西に続く国賀海岸にある。他に類を見ないこの海岸の絶景は、６３０〜５３０万年前の火山活動によってその基礎景観が形成されたといわれる。さらに、長年にわたる大陸から吹きすさぶ北西風、それに伴う荒波による海岸浸食は今でも継続中である。

侵食海岸の代表的な地形として、海食崖と呼ばれる垂直な崖・摩天崖、崖のもろい部分が削られてできる洞窟（海食洞）である明暗の岩屋、洞窟のある崖が地すべりにて出来た橋のような地形・通天橋をはじめ、観音岩や大神立岩といった複雑さを伴う荘厳な景観を見ることができる。その一帯は、「天上界」と称せられるほど、常世への玄関口のようでもあるのだ。

(上) 日本海に沈む夕陽
(左) 天上界の奇怪な海岸　(中) 通天橋越しに眺める場所　(右) おきにしのしま 海の駅

この天上界に沈みゆく夕陽は、海上から、そして陸上から双方ともに体験してもらいたい。海上からはサンセットクルーズの船上から、そして陸上からは摩天崖から下ってくるシーサイド道沿いから眺めることをお勧めする。特に天上界を眼下に望むことのできる牧草地から、通天橋越しにみる日本海の夕陽には息を呑むことだろう。

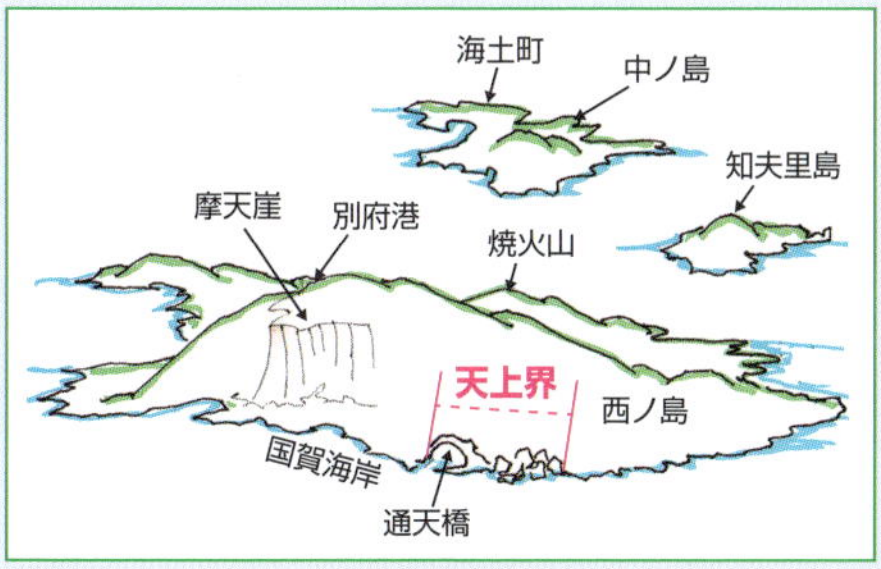

アクセス	境港・七類港から高速船で約 60 分で西ノ島へ。別府港からは車で約 40 分で天上界へ
問い合わせ先	西ノ島町観光協会 ☎ 08514- 7-8888

滝

山辺　野辺　海辺　川辺

広島県

山県郡安芸太田町

龍《りゅう》頭《ず》峡《きょう》 61

秘境百選の森からの恵み

（上）龍頭峡の散策道
（下）龍頭峡入口にある森林館

コースデータ

徒歩総時間：**1時間**　楽しめる期間：**4〜11月**
お勧めの季節：**盛夏、紅葉**　歩行距離：**約3キロ**
標高：**450m（二段滝付近）**　標高差：**50〜100m**

温泉データ

龍頭峡温泉 龍頭ハウス
泉質：単純弱放射能冷鉱泉
所在地：山県郡安芸太田町大字中筒賀842-4　☎0826-32-2100

最寄りの施設

龍頭峡 交流の森　☎0826-32-2755（冬期休業）
キャンプ場やバーベキュー広場などの施設があり家族連れでのアウトドアレジャーが楽しめる。「森林館」は、森や樹木に関する学びコーナーや、地元・旧筒賀村を支えた村有林の歴史の写真展示などがある。峡谷内は森林セラピーロードも設定。

コースの特徴

「飛沫浴」という言葉をご存知だろうか？「飛沫浴」とは文字通り、水の飛沫を浴びることである。滝や峡谷、清流のそばを歩くと、森林浴と同じように心と体に解放感が湧いてくる。その解放感の源は、滝や清流が発する水しぶきや飛沫からのマイナスイオンだろう。そんな飛沫浴の本場がこの龍頭峡である。

峡谷内は遊歩道がほどよく整備され、落差40mの二段滝、落差20mの奥の滝へと無理なくアプローチできる。その前に立ち寄りたいのは、龍頭峡入り口にある森林館である。この飛沫浴ができる旧筒賀村は昭和30年代まで、県内有数の豊かな森の村だった。森林館は、その森と人の暮らしの歴史が分かりやすく展示されている。

さて、滝へと向かう飛沫浴ウオークは、森林館前の舗装された渓流沿いの小道から始まる。枯れ滝の崖・「追森の滝」、小

(上) 奥の滝
(左) 二段滝　(中) 大歳神社の秋　(右) 秋の龍頭峡

さな滝・「念佛の滝」などを通過し、毎年夏に「龍頭峡まつり」が行われる広場まで約30分前後。

　ここから二段滝や奥の滝までの道は、春は草花、夏は涼、秋は紅葉、冬は雪景色と、四季折々の情感を彩る絵画の世界である。白い飛沫と雄々しい落水音が洩れてくると二段滝が目の前に現れ、奥の滝へもすぐである。

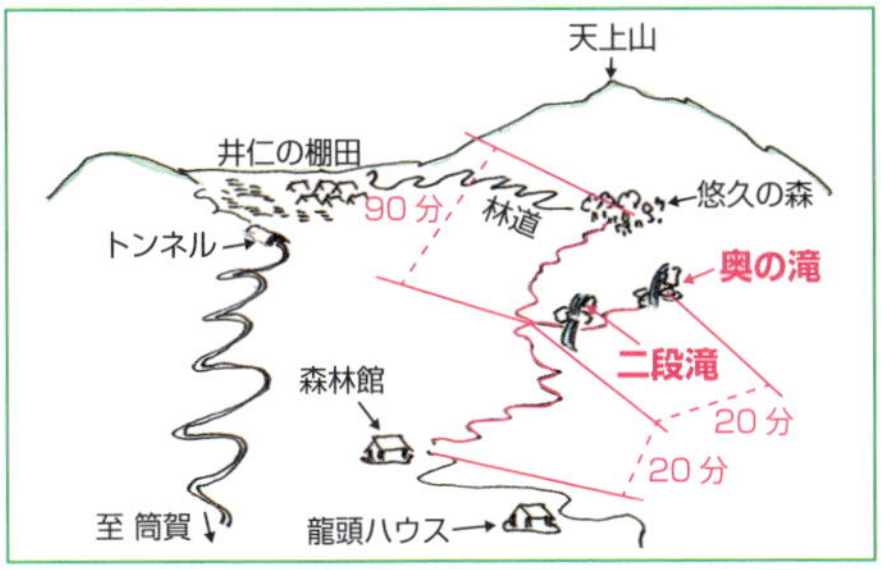

アクセス	中国自動車道・戸河内ICから龍頭峡まで車で約10分
問い合わせ先	安芸太田町役場商工観光課 ☎0826-28-1961

五竜の滝を登る

滝

山辺　野辺　海辺　川辺

山口県

岩国市

寂《じゃく》地《ち》峡《きょう》

62

名水百選に選ばれた名瀑群

コースデータ

徒歩総時間：**2時間**　楽しめる期間：**通年**
お勧めの季節：**新緑、紅葉**　歩行距離：**3～4キロ**
標高：**470m（峡谷入口）**　標高差：**50 ～ 100 m**

温泉データ

潮原《うしおばら》温泉 松かわ
泉質：強放射能泉
所在地：広島県廿日市市吉和 391-3　☎ 0829-77-2224

最寄りの施設

寂地峡案内所・やませみ
☎ 0827-74-0776（冬期休館）
宇佐八幡宮をはじめ、寂地峡（五竜の滝）を訪れる際の駐車場脇にある情報基地的場所。キャンプ場の管理情報や周辺散策案内マップも置いてあり、土地の収穫物などの購入も可能。

コースの特徴

名水百選に選ばれている寂地峡は、西中国山地国定公園の三大渓谷の1つ。山口県と島根県との県境にまたがる山口県最高峰の寂地山（標高1337m）に源を発する宇佐川上流にある。犬戻峡《いぬもどしきょう》と、龍が岳に源をもつ龍《りゅう》が岳峡《だけきょう》の二峡をあわせて寂地峡という。

その中でも、五竜の滝は環境省の日本の滝百選にも選ばれている名瀑である。また、犬戻しの滝はその幽玄な雰囲気と相まって、パワースポット的な存在として近年その名を知られるようになってきた。

まず、寂地峡入り口にあるキャンプ場の中を寂地川沿いに少し上ってみよう。5分もすれば、左手に「寂地峡五竜の滝」の石碑があり、そこから落差15mの「竜尾の滝」を見ることができる。そこからは、滝沿いに付けられたやや傾斜のある滝見道を登っていくと「登竜の滝」と「大乗淵」

（上）犬戻しの滝
（左）滝の轟音が峡谷に響き渡る　（中）五竜の滝・核心部　（右）渓谷沿いの道

があり、「白竜の滝」の後に落差18mの「竜門の滝」が続く。

そして最上段には落差14mの「竜頭の滝」が爆音と飛沫を挙げながら圧倒的な存在感を示している。犬戻しの滝へは、キャンプ場右手の舗装道路をしばらく歩いていくと東屋があり、そこから滝へと岩肌に付けられた整備道を約30分程度歩いていく。

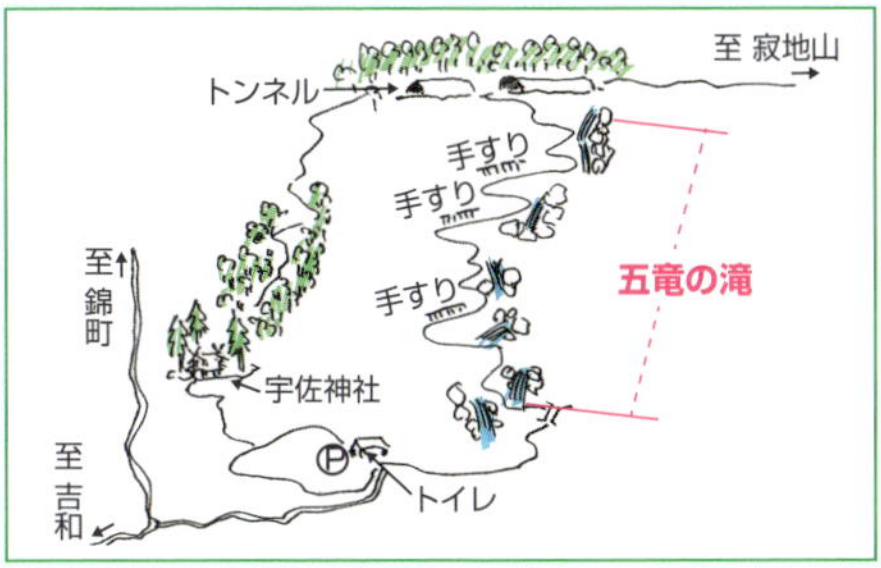

アクセス　中国自動車道・吉和ICから車で約40分

問い合わせ先　岩国市役所錦総合支所地域振興課
☎0827-72-2110

(上) 最奥部は憩いのスペースがある
(下) 飛沫を浴びながら歩く

滝

山辺 野辺 海辺 **川辺**

島根県

雲南市

八《や》重《え》滝《だき》

63

水の妖精が舞う日本の滝百選

コースデータ

徒歩総時間：**1時間**　楽しめる期間：**4～11月**
お勧めの季節：**盛夏、紅葉**　歩行距離：**約3キロ**
標高：**310ｍ（八重滝入口）**　標高差：**50～100m**

温泉データ

加田《かた》の湯
泉質：炭酸水素塩・塩化物泉
所在地：飯石郡飯南町下来島 707-2　☎ 0854-76-3357

最寄りの施設

道の駅 掛合の里
☎ 0854-62-1510
全国で「第１号の道の駅」として認定された「道の駅」。地域の観光情報に加えて、地元のみそまんじゅうなどの特産品販売所もある。併設の野菜市では、採れたての野菜や漬物などの加工品も販売。

コースの特徴

八重滝とは、1つの滝の固有名詞ではない。片道30分の道のりの中に、8つの滝が連続していく峡谷を総称する言葉である。峡谷内には、穏やかさと豪快さが同居する不思議な自然の造形美世界が展開している。そんな深山幽谷世界へのエントランスは、大岩の側を滝のしぶきを浴びながらくぐることから始まる。

大きな「胎内くぐり」のような場所を抜けると、突如広い空間が現れる。巨岩や巨石が豪快に立ち並ぶ空間を過ぎると、風景は一変し穏やかなせせらぎ沿いの遊歩道が最奥の八汐の滝まで続いていく。猛暑時は、この道は緑のトンネルとなり、森林浴やマイナスイオン浴の散策道となる。秋は、お伽の国に彷徨《さまよ》いこんだ気分にさせてくれ、冬は静謐さを全身で享受できる空間となる。

クライマックスとなる、最奥の八汐滝は、神秘的な雰囲気を漂わせ、知られざ

（上）最奥部にある八汐の滝
（左）飯南町の大しめなわ創作館　（中）八重滝入口　（右）渓谷沿いは四季折々変化がある

るスピリチュアルスポット。大きく広げた天女の羽衣に、幾筋もの清水を流したような、そんな荘厳な景観となり、見る者から言葉を失わせる。

訪れた際には、ぜひ八汐の滝の上部への道も歩いてほしい。上部から見る八汐の滝も、その圧倒的な姿を惜しげもなく見せてくれる。

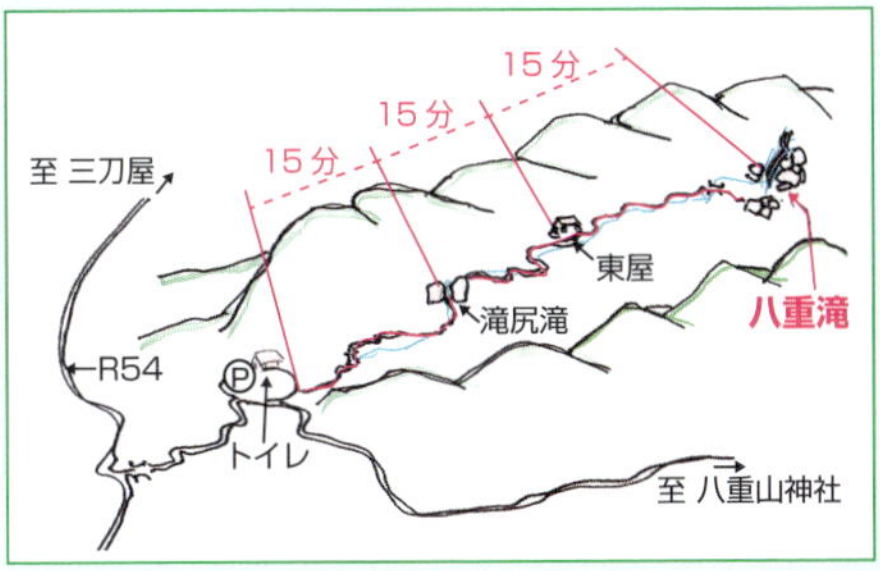

アクセス　中国横断自動車道尾道松江線・吉田掛合IC から国道 54 号経由、車で約 20 分

問い合わせ先　雲南市観光協会
☎ 0854-42-9700

（上）芦津渓谷は沢登りのフィールド
（下）二ツの滝への降り口

滝

山辺　野辺　海辺　**川辺**

鳥取県

八頭郡智頭町

二《ふた》ツ《つ》の滝《たき》

64

名瀑と森林セラピーロード

コースデータ

徒歩総時間：**30分（二ツの滝への標識から滝往復）**
楽しめる期間：**4～11月**　お勧めの季節：**盛夏、紅葉**　歩行距離：**約500m**
標高：**800m強**　標高差：**50m前後（二ツの滝への標識から滝まで）**

温泉データ

あわくら温泉 元湯
泉質：弱放射能冷鉱泉
所在地：岡山県英田郡西粟倉村影石2050　☎0868-79-2129

最寄りの施設

道の駅 あわくらんど
☎0868-79-2331
鳥取自動車道・西粟倉ICすぐ横にあるので智頭町へのアプローチ上では便利な道の駅。旬の野菜が手ごろな価格で購入することもでき、鳥取、岡山両県の情報も入手できる。

コースの特徴

芦津渓谷一帯の森は、水源の森百選の1つ。その森は近年、森の癒やし効果を堪能しながら歩く森林セラピーのフィールドとして活用されている。特に秋は、紅葉する各種の広葉樹と天然スギの緑の織りなすコントラストが鮮やか。豊かな森からの恵みが育む多様な自然景観が、渓谷内に満ちあふれている。

花崗岩の崖や巨岩、急流や淵があり、中国山地でも有数の渓谷美世界を演出。渓流に向けて垂直に落ちる狭い岩の割れ目には、「小豆ころがし」というユニークな呼び名が付けられ、音が反響することから「からおと（かろおと）」という谷間や、「雄淵《おんぶち》」「雌淵《めんぶち》」と呼ばれる淵もある。また「亀岩」と呼ばれる亀に似た巨岩もあり、その下には「泥亀淵《だんがめふち》」などという妙な名前の淵もある。

その中でも、「二ツの滝」の優美な姿は飛びぬけて美しい。多量の降雨の後には、

（上）二ツの滝
（左）古民家活用プログラム　（中）巨樹の森・芦津渓谷　（右）芦津渓谷のセラピーロード

滝を流れる水の筋が幾重にも広がり、さながら「天女の羽衣」を広げたように見えてくる。

　アプローチは、芦津渓谷にある中国電力三滝ダムを目指す。さらに進むと、道の傍に「二ツの滝へ50m」との標識がある。道から滝へは下り坂なので注意しながら降りてほしい。

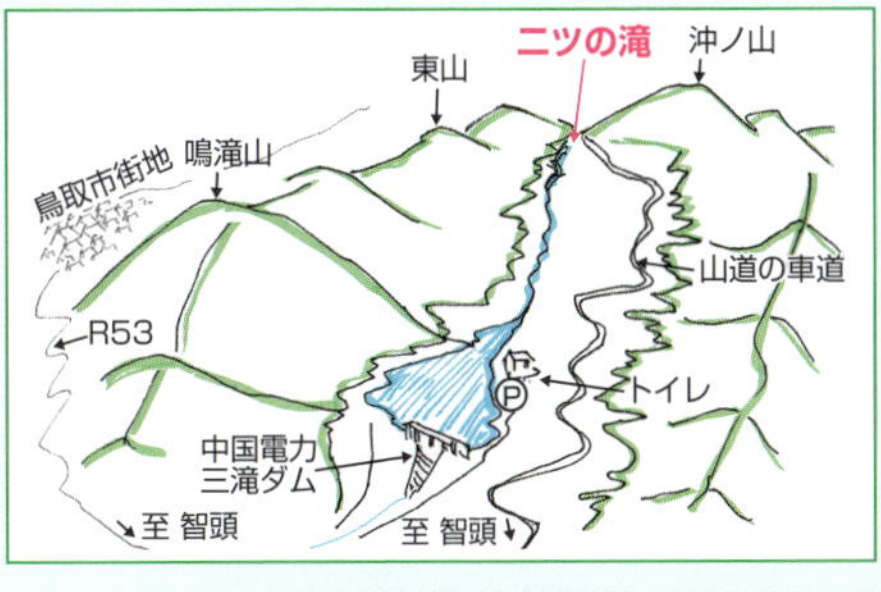

アクセス	鳥取自動車道（無料区間）・智頭 IC から国道 373 号、県道6号を経て車で約 30 分
問い合わせ先	智頭町観光協会 ☎ 0858-76-1111

木地師たちの集落跡付近にて

滝

山辺　野辺　海辺　**川辺**

鳥取県

東伯郡琴浦町

大山滝《だいせんだき》

65

落差42mの二段滝

コースデータ

徒歩総時間：**1時間**　楽しめる期間：**4～11月**

お勧めの季節：**新緑5月、盛夏、紅葉10～11月**

歩行距離：**3.5キロ**　標高：**650m（大山滝）**　標高差：**370m**

温泉データ

大山伽羅《きゃら》温泉

泉質：等張性中性高温泉

所在地：西伯郡大山町大野湖畔レークホテル内　☎0859-52-3333

最寄りの施設

道の駅 ポート赤崎

☎0858-49-2020

大山滝への帰路に立ち寄りたい道の駅。日本海の海産物と同時に、二十世紀梨、スイカなども購入できる。韓国をテーマにした風の丘公園や日韓友好資料館なども隣接地にある。

コースの特徴

大山滝は、山陰の名峰である大山の東側にあり、加勢蛇川《かせちがわ》上流にある。かつては3段の滝だったが、1934年に室戸台風による大雨洪水の被害を受けて、段差が2段になったといわれる。上段の滝は28m、下段の滝は14mの落差のある豪壮な名瀑。

歩きはじめは、一向平《いっこうがなる》キャンプ場駐車場である。しばらくは平坦な整備された幅広の道を歩く。途中から、夏は密林のように生い茂る樹林の中の道となる。大山滝吊橋への急な坂を手すり付階段で下ってゆく。吊橋を渡ってからは、山腹の巻き道となり苔むしたお地蔵様の出迎えを受ける。このあたりの森には、かつてたたら製鉄に従事する人たちや木地師たちが住んでいた。その史実を示す標識もある。

森の道から左手に下りる木の階段を行くと滝壺を見おろすことのできる滝見台

(左) 落差 42 mの二段滝
(上) 一向平から 1 キロ地点　(中) 森林浴が楽しめる道を歩く　(下) 滝を望む展望スペース

がある。歩きはじめ場所からわずか片道30分の道のりだが、変化に富んだこの森の道は、必ずや心身に潤いを与える時間となるだろう。※滝見台から100m下の滝壺まで下りることは可能だが、急斜面でロープ・鎖を伝わなければならないので初心者にはあまりお勧めではない。

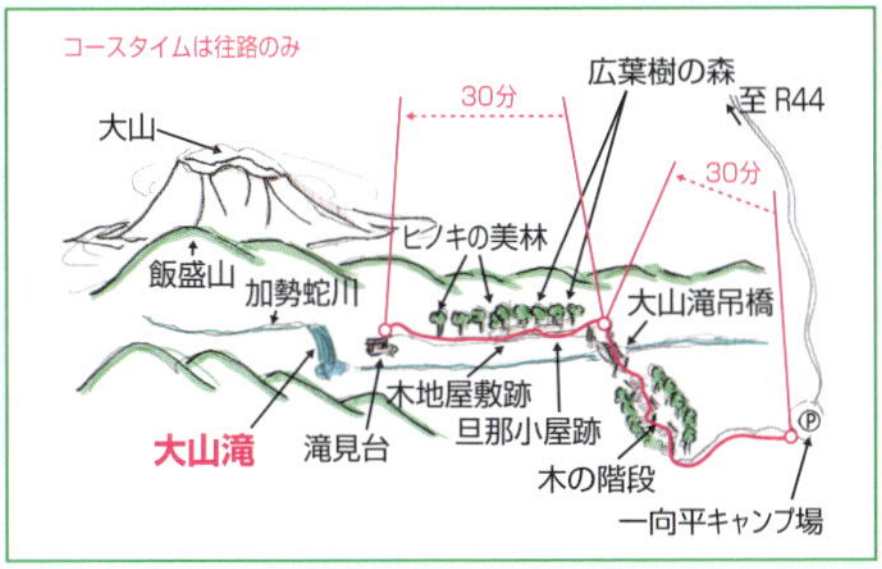

アクセス　米子自動車道・米子 IC から国道９号、県道 44 号を経由、一向平キャンプ場まで車で約 70 分

問い合わせ先　琴浦町役場商工観光課　☎0858-55-7801

断魚渓あたりを歩く

峡谷

山辺　野辺　海辺　**川辺**

広島県

庄原市

帝釈峡《たいしゃくきょう》

66

広島県有数の渓谷美世界を満喫

コースデータ

徒歩総時間：**4時間**　楽しめる期間：**4〜11月**

お勧めの季節：**11月初旬〜中旬の紅葉**　歩行距離：**約6キロ**

標高：**470ｍ（最高所）**　標高差：**100m前後**

温泉データ

かんぽの郷 庄原さくら温泉

泉質：単純温泉

所在地：庄原市新庄町 281-1　☎0824-73-1800

最寄りの施設

弥生食堂　☎08477-6-0018

帝釈峡・雄橋への入り口付近にある食堂。きさくな女将さんが、リアルタイムの帝釈峡情報を教えてくれる。自家製の米や地元の野菜を使った各種定食が人気。共同トイレも近くにあり、情報入手と身支度を整えてから帝釈峡へ向かいたい。

コースの特徴

帝釈峡は、大きく上帝釈と下帝釈の2つに分かれている。白雲洞や雄橋、断魚渓などは上帝釈に属している。帝釈峡の由来地でもある、帝釈天永明寺にも立ち寄りたい。付近には2か所の駐車場がある。

第2駐車場奥から実質的な徒歩コースはスタートする。歩きやすい清流沿いの道を約5分で白雲洞（鍾乳洞）に到着する。鍾乳石や石筍などが奥行２００ｍの洞内にあり、内部は常に11℃前後に保たれている。さらに15分前後歩けば、雄橋《おんばし》に到着である。峡谷の水による浸食作用により、高さ40ｍもの巨大な天然橋が形成された。かつて地元の人たちはこの橋の上を歩いて往来していたという。秋の雄橋周辺は、岸辺が赤や黄などに染め上げられ、幽玄な世界を演出している。

さらに断魚渓、マス養殖場を抜け、スコラ高原への登り坂を上がると休憩場所

（上）秋の雄橋
（左）雄橋への道　（中）神龍湖への道・秋景色　（右）峡谷沿いの整備された道

の東屋に出る。そこからは、尾根筋の柔らかい起伏の山道となる。山道から急に視界が広がる場所には数軒の農家がある。標識に従い再び山道に入り、行程中の最高所に出る。このあたりの紅葉景色も見逃せない。後は、急な斜面の下り道を神龍湖へ。

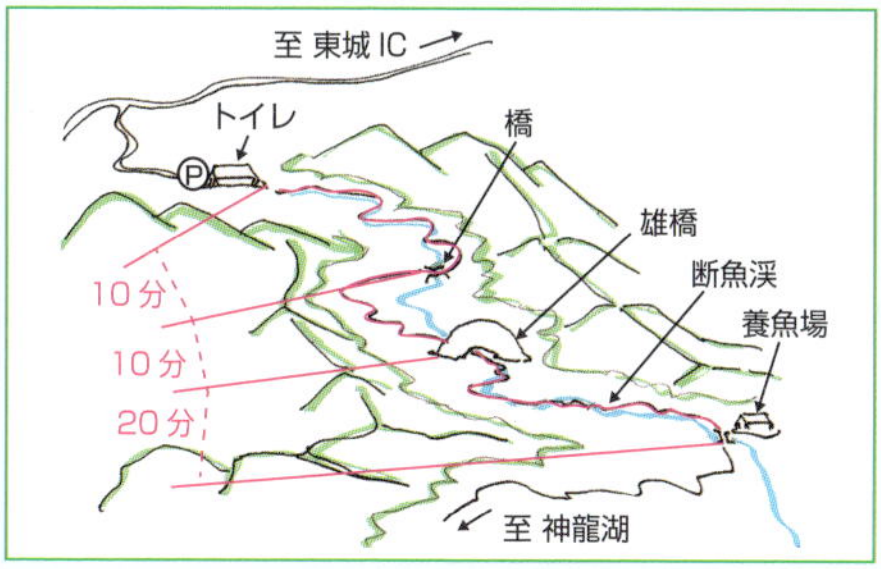

アクセス　中国自動車道・東城 IC から駐車場まで車で約 15 分

問い合わせ先　庄原市観光協会
☎ 0824-75-0173

峡谷

山辺　野辺　海辺　川辺

広島県

山県郡安芸太田町

三段峡《さんだんきょう》

67

比類なき峡谷美の世界を満喫

（上）澄みきった水に足を浸す
（下）二段滝は心身修養の空間

コースデータ

徒歩総時間：**4時間**　楽しめる期間：**通年**
お勧めの季節：**11月初旬〜中旬の紅葉**　歩行距離：**約7.2キロ**
標高：**750m（聖湖湖畔）**　標高差：**250m前後**

温泉データ

いこいの村ひろしま
泉質：セラミック温泉
所在地：山県郡安芸太田町松原1-1　☎0826-29-0011

最寄りの施設

道の駅 来夢《らいむ》とごうち
☎0826-28-1800
中国自動車道・戸河内ICを出るとすぐ。トイレなども完備。安芸太田町の商工観光課もこの建物の中にあり、地域の観光情報なども取得できる。

コースの特徴

広島市内を流れる太田川の上流の1つ柴木川にある長さ約16キロメートルの峡谷である。国の特別名勝として、広島県内では庄原市にある帝釈峡と並び渓谷美世界の代表格。本書で紹介している、匹見峡、寂地峡とともに西中国山地国定公園有数の峡谷でもある。

今回紹介するのは、聖湖湖畔からの下り道を使ったアプローチをとり、三段滝、二段滝を巡り水梨口へと向かう、三段峡のエッセンスを堪能できるコンパクトなコース。聖湖湖畔の入り口を下ると、10分以内に勇壮な三つ滝が出迎えてくれる。ここはあまり人が訪れない穴場的場所。途中、人家のあるところを通過しながら、1時間ほど歩くと、森の茂みから滝のしぶき音が聞こえてくる。三段滝である。紅葉の季節には、空と滝、そして木々の彩りが見事なシンフォニーを奏でてくれる。

川幅が広くなり、整備された道を30分

（上）秋の三つ滝
（左）冬の三段峡　（中）三段滝　（右）夏の三段峡

も歩けば、猿飛と呼ばれる渡船場に着く。ここから船頭さんが操る小舟で大岩の間を抜けると、神秘的な二段滝が眼前に現れる。この二段滝のある空間は格別な霊気が漂っている。瞑想や禅、ヨガなどの心身修養の場所として最適である。

※渡船運行についての詳細は町の商工観光課（☎0826―28―1961）へ要問い合わせ。

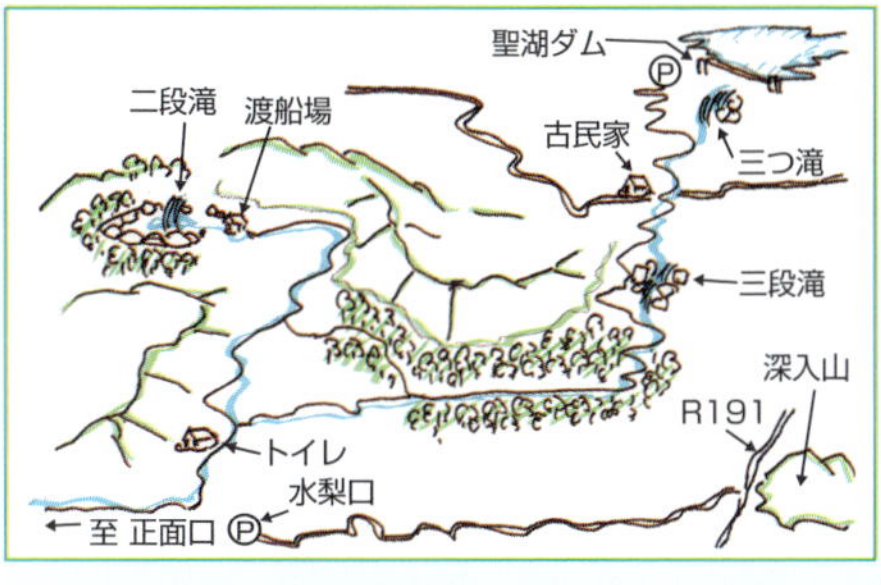

アクセス	中国自動車道・戸河内 IC から戸河内経由、車で約 40 分
問い合わせ先	安芸太田町役場商工観光課 ☎ 0826-28-1961

峡谷

山辺　野辺　海辺　**川辺**

山口県

山口市

長門峡《ちょうもんきょう》

68

まるで水墨画を思わせる渓谷美の世界

長門峡

コースデータ

徒歩総時間：**4時間**　楽しめる期間：**通年**
お勧めの季節：**11月初旬～中旬の紅葉**　歩行距離：**約9.5キロ**
標高：**220 m（峡谷入口）**　標高差：**50～70 m**

温泉データ

道の駅 願成就温泉
泉質：ラジウム温泉
所在地：山口市阿東徳佐上2-95　☎083-957-0118

最寄りの施設

道の駅 長門峡
☎083-955-0777
長門峡の入り口付近にあり、ふるさと産品直売所「あとうの恵み」や情報案内コーナー、レストラン、駐車場、トイレなどの施設があり便利。レストランにては阿東和牛の料理も味わえる。周辺の観光情報の入手なども可能。

コースの特徴

詩人・中原中也は冬の長門峡を訪れ、次のような冒頭から始まる詩を作っている。「長門峡に、水は流れてありにけり。寒い寒い日なりき……」

そう、秋の紅葉シーズンがこの峡谷観光のピークなのだが、冬の張りつめた空気の中、落葉した木々の間から現れる断崖絶壁を眺めながらの散策も一興なのである。この中原の詩碑は、長門峡の入口に建てられている。

そして、サクラやフジ、コブシなどの花が咲きみだれる春の景色も見逃せない。夏は夏で、峡谷の中はひんやりとしており、一服の涼を求めに来るには最適の場所である。そんな長門峡の散策は、道の駅・長門峡の駐車場からスタートする。T字川出合から川筋沿いの散策道が始まる。約20分歩けば、櫻橋と千瀑洞口付近まで行ける。さらに数分の距離に櫃ヶ淵があり、続いて船入となる。このあたりから

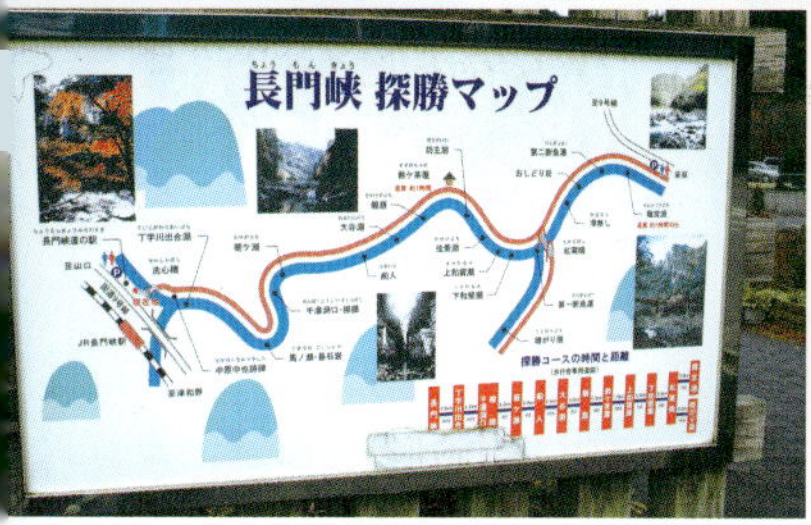

（上）秋の峡谷散策道　（左）長門峡のマップ標識
（中）行楽シーズンには出店もある　（右）まるで鏡のような水面・長門峡

が佳境となる。約10分も行けば大谷淵、さらには瀬淵と、渓谷美が連続していく。

紅葉橋から10分程度で竜宮淵に出る。竜宮淵には駐車場もあるが、そこに至る道は運転に自信のある人にしか勧められない。復路は、紅葉橋もしくは竜宮淵から、往路を道の駅駐車場まで折り返そう。紅葉の季節は、往路とは違うアングルからの景観に魅せられることだろう。

アクセス　中国自動車道・山口 IC または徳地 IC から北方向へ車で約 50 分

問い合わせ先　長門峡観光協会
☎ 083-955-0115

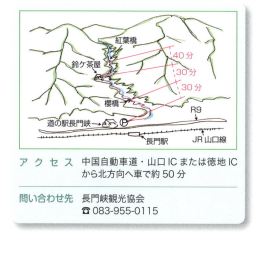

(上) 一部はバリアフリー道となっている
(下) 峡谷内は歩きやすい道

峡谷

山辺 野辺 海辺 川辺

島根県

仁多郡奥出雲町

鬼《おに》の舌《した》震《ぶるい》 69

国の名勝指定を受けた奇岩連なる峡谷美

コースデータ

徒歩総時間：**2時間**　楽しめる期間：**4～11月**
お勧めの季節：**11月紅葉**　歩行距離：**約4キロ**
標高:**290m(水面高)**　標高差:**ほとんど無し(峡谷内遊歩道)**

温泉データ

おろち湯ったり館
泉質：ナトリウム・カルシウム硫酸塩泉
所在地：雲南市木次町木次 952-4　☎0854-42-9181

最寄りの施設

舌震亭
☎0854-54-1114
スタート地点である駐車場隣にある食堂。出雲そばなどが美味しい。季節ごとの旬の情報などを歩き始める前に聞いておくのもいい。

コースの特徴

鬼の舌震は島根県奥出雲町を流れる、斐伊川支流の大馬木川上流にある。見事なV字谷で、１０２７年に国の名勝および天然記念物に指定されている。非常に珍しい地名の由来は、『出雲国風土記』の中の一文からである。「和仁のしたぶる」という文節が変化して舌震いとなったといわれる。

「和仁」とは日本海に棲むサメのことである。そのサメがこの地に住んでいる玉《たま》日女命《ひめのみこと》という美しい女神を恋い慕う、との伝説が地名の母体となっている。〝したぶる〟とは〝慕う〟のことである。

日本海のサメが女神に会おうとして斐伊川を遡るのだが、女神の両親がそれを阻止しようと、この峡谷に巨岩群を配置したとの哀しい物語も残っている。およそ３㎞にわたるV字谷の左右には、大天狗岩、小天狗岩などの岩壁が屹立している。また、至る所に風化や水食による奇

(上) 峡谷内核心部
(左) 峡谷への入り口付近　(中) 鬼の落涙岩　(右) 奇岩が点在する

岩や怪岩が累々として横たわり、悲しい物語を偲ぶことができる。

　宇根駐車場から下高尾の駐車場までの2・4㎞の遊歩道を往復するコースがお勧め。その半分はバリアフリーとなっていて、平坦な道であるので歩きやすい。駐車場から500mほど下ったところにある赤い姫橋が、物語世界への入り口である。

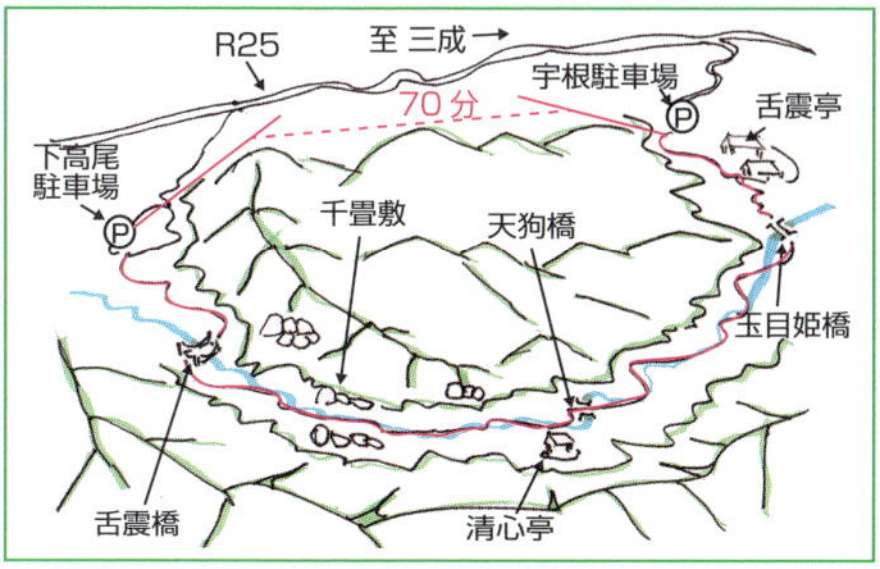

アクセス　中国横断自動車道尾道松江線・高野 IC から国道 432 号を経由、車で約 40 分

問い合わせ先　奥出雲観光文化協会
☎ 0854-54-2260

峡谷

山辺　野辺　海辺　川辺

島根県

出雲市

立《たち》久《く》恵《え》峡《きょう》

奇岩連なる仙境

70

（上）峡谷沿いの散策道
（下）霊光寺

コースデータ

徒歩総時間：**1時間**　楽しめる期間：**4～11月**
お勧めの季節：**11月紅葉**　歩行距離：**約2キロ**
標高：**290m（水面高）**　標高差：**ほとんど無し（峡谷内遊歩道）**

温泉データ

立久恵峡温泉 御所覧場
泉質：含砒素石膏食塩泉
所在地：出雲市乙立町 5269　☎ 0853-45-0211

最寄りの施設

道の駅 キララ多伎　☎ 0853-86-9080
日本海に面した場所にあり、2基の大きなキララトゥーリマキ風力発電所の風車が目印。周辺観光案内・宿泊施設の情報入手が可能。「たこ」「えび」「ほたて」の3種類が2個ずつ入った6個入りの出雲海鮮たこ焼きが有名。

コースの特徴

この峡谷に幽玄な趣を与えているのは、なんといっても立久恵山霊光寺の存在であろう。淳和天皇の時代（平安時代初期の第53代天皇）に、高野山の学僧・浮雲律師がこの峡谷で、大きな亀の背に乗った一体の如来を見たことが、この寺院の起源とされている。今はひっそりとした佇まいの霊光寺だが、背後に屹立する大岩とともに、独特の空気感を漂わせている。

さらに、この霊光寺参道入り口を中心とし、峡谷沿いの岩や崖の下部には石仏群がある。どれも、苔むしており長い間の風雪に耐え偲んできたことが分かる。1千体を超えるといわれる石仏群は、霊光寺開基のとき、創建にたずさわった人々の手によって発願《ほつがん》されたといわれる。

そんな立久恵峡は、「山陰の耶馬渓」と呼ばれ、国の名勝にも指定されている。神戸川渓谷沿いに約1㎞にわたり高さ

（上）奇岩がいきなり出迎える
（左）石仏群　（中）神戸川の流れ　（右）五輪塔と断崖

100mを越す奇岩柱岩が並ぶ。

散策は不老橋から始まる。すぐに奇岩群が顔を出してくる。橋を渡った場所から川の左岸（上流に向かって右側）に散策道がある。やがて樹林の中に石仏群が現れる。石段をのぼり霊光寺にも立ち寄りたい。帰路は浮嵐橋を折り返しとし、右岸沿いの道を戻ればいい。総距離2km余りの散策道である。

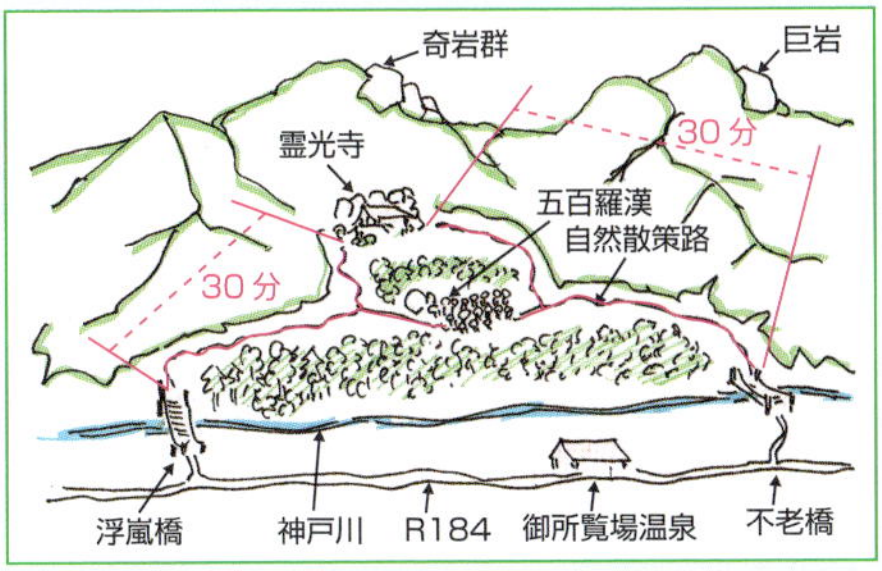

アクセス	山陰自動車道・出雲ICから車で約30分
問い合わせ先	出雲観光協会 ☎0853-53-2112

(上) 大宮八幡宮への参道
(下) 倒面鏡(さかつらのかがみが引き上げられた伝説の滝)

清流・源流の沢筋

山辺　野辺　海辺　**川辺**

広島県

庄原市

大鬼谷川《おおぎだにかわ》

神野瀬《かんのせ》川の源流の一つ

71

コースデータ

徒歩総時間：**30 分**　楽しめる期間：**4〜11 月**
お勧めの季節：**新緑、紅葉**　歩行距離：**1キロ**
標高：**580 m**　標高差：**ほとんど無し**

温泉データ

たかの温泉 神之瀬の湯
泉質：ナトリウム炭酸水素塩泉
所在地：庄原市高野町新市 1144-3　☎0824-86-2251

最寄りの施設

道の駅 たかの　☎0824-86-3131
レストラン、地元野菜、果実の販売スペースだけでなく、研修交流室もある近代的な道の駅。特に「雪室《ゆきむろ》」と呼ばれるユニークな自然の冷蔵庫では、地域の特産品や加工品を冷蔵し、みずみずしい鮮度を保つ地域の新しい名物の拠点。

コースの特徴

三次市で江の川に合流する神野瀬川は、その源を庄原市高野町にある猿政山《さるまさ》(標高1267・7m)に発し、山間部を西流し、神之瀬湖へと向かう流路延長76・9㎞の河川である。あまり聞きなれない大鬼谷川とは、その源流域にある1つの流れである。しかし、この流域の一部は、崇神天皇時代から伝わる伝説の地として、地元では神域とされてきたのである。

その伝説とは、波《は》久《く》岐国《きのくに》(周防国)の国造であった豊玉根命(トヨタマネノミコト)が雄滝に祠を建て雨を祈ったことに始まる。それ以来この川の上流にある雄滝は、雨の神・龍神が宿る滝とされていた。

とある日に祈雨祈念をしていると、滝壺から「倒面鏡《さかつらのかがみ》」が引き上げられ、下流にある大宮八幡宮のご神体とされたことにより、滝から八幡宮までの流域は地元の間で神聖な流れと崇拝されてきたとい

(上) 大鬼谷川上流にある雄滝　(左) 大宮八幡宮の巨樹
(中) 高茂温泉・鵜の子荘　(右) ツリーベンチャー・大鬼谷オートキャンプ場

う物語である。

それゆえに、この流域を訪れる際には、ぜひ大宮八幡宮へも参詣してほしい。大鬼谷川が神野瀬川に合流する近くにそのお社はある。まず、その直線の長さ500mもの参道の荘厳さに驚かされる。その参道筋の巨杉並木群や社殿脇のモミ巨樹にも目を瞠《みは》るものがある。

アクセス　中国横断自動車道尾道松江線・高野 IC から国道 432 号経由、車で約 10 分

問い合わせ先　庄原市観光協会
☎ 0824-75-0173

清流・源流の沢筋

山辺　野辺　海辺　川辺

山口県

周南市

高《たか》瀬《せ》峡《きょう》

72

山口県下での紅葉の穴場的場所

漢陽寺

コースデータ

徒歩総時間：**1時間**　楽しめる期間：**4～11月**
お勧めの季節：**盛夏、11月紅葉**　歩行距離：**約4キロ**
標高：**170m**　標高差：**50m前後**

温泉データ

ロハス島地《とうち》温泉
泉質：単純弱放射能冷鉱泉
所在地：山口市徳地島地2102-4　☎0835-54-4545

最寄りの施設

周南市高瀬サン・スポーツランド
☎0834-62-2678（周南市体育協会）
高瀬峡へのアプローチ途上にある総合型アウトドア施設。キャンプ場、バーベキュー広場、テニスコート、自動販売機、トイレなどの施設を持つ。夏の宿泊なども可能で、高瀬峡の散策とのセットプランも考えられる。

コースの特徴

この小さな峡谷筋は、1981年に竣工した島地川ダムの下流にある。ダムによる人造湖・高瀬湖が水源となり、峡谷筋の水は山口県の清流・島地川へと注いでいく。島地川は防府市を流れる佐波川の支流である。すなわち、高瀬峡を流れる澄みきった水は、防府市民の生活をも潤しているとも言えるだろう。

峡谷の中には、全長2・2㎞の自然遊歩道がある。その行程のほとんどが、水面すれすれの位置にあるので、清冽な水しぶきをしっかりと浴びながらの飛沫浴歩きとなる。歩きはじめから約500mほどで、「もみじ小屋」に到着。一汗かいた後に休息するには最適の場所である。しばし峡谷内での森林浴も楽しみたい。

さらに歩を進めると、峡谷の両サイドに奇岩、巨岩群が現れてくる。「屏風岩」「巨人岩」などである。切り立った岩や奇岩の間を乱舞する水の流れは、訪れる人

（上）静謐な時間が流れている
（左）神秘的な空間　（中）夏には緑の葉陰の道となる　（右）９月には彼岸花の出迎え

の心をも洗い流すことだろう。

　9月ともなると、群生する彼岸花の出迎えを受ける。初秋の平日に訪れると、峡谷の静謐な空気の中で、彼岸花の鮮やかな真紅の花弁が際立ち、なかなか先へ進めなくなるくらいである。また毎年11月中旬から下旬頃になると、峡谷内は赤や黄色の彩り豊かな空間と変化し、大勢の人で賑わいを見せる。

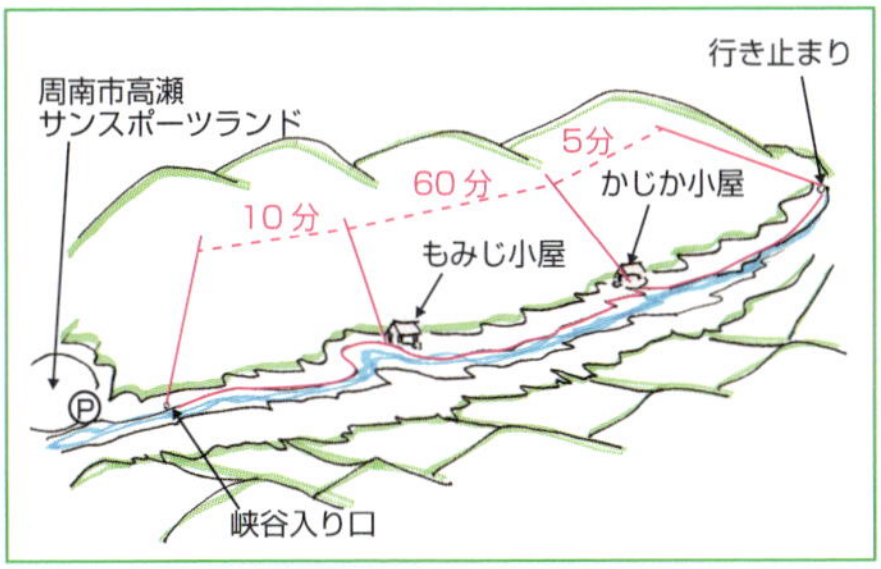

アクセス　山陽自動車道・徳山西 IC から県道 180 号、国道 376 号経由、車で約 40 分

問い合わせ先　周南市新南陽総合支所地域政策課
☎ 0834-61-4108

山頂近くのタコブナ

清流・源流の沢筋

山辺　野辺　海辺　**川辺**

島根県

飯石郡飯南町

大万木山《おおよろぎさん》麓

出雲地方にとっての水瓶の森

73

コースデータ

徒歩総時間：**4時間**　楽しめる期間：**4～11月**
お勧めの季節：**新芽・黄葉時期**　歩行距離：**約6.5キロ**
標高：**1218 m（山頂）**　標高差：**550 m**

温泉データ

琴引ビレッジ山荘
泉質：単純温泉
所在地：飯石郡飯南町佐見 1199-3　☎0854-72-1035

最寄りの施設

道の駅 赤来高原
☎0854-76-2007
交通量の少なくなった国道54号線沿いの道の駅。地域の中核拠点としての役割を担う。土産物販売コーナーのみならず、各種プログラムの情報受発信基地として機能。

コースの特徴

『出雲国風土記』には「多加山《たかやま》」との名前で表記されている大万木山は、出雲平野へと注ぐ神戸《かんど》川の支流・頓原川の源流域にある。神話の伝説の山である琴引山と沖の郷山に挟まれている。その山容は、たおやかという表現がふさわしい、優しげな表情の山である。

標高1218mの山頂へ向かうには、渓谷、権現、滝見と名付けられた3つの主要ルートがある。権現コースはやや傾斜がきついが、山の守り神須佐之男命を祀った権現神社が途中にある。渓谷、滝見の2つのコースは、どちらも、その名の示す通り、源流の森にふさわしい風情があり、玄人筋の登山者や感受性豊かな自然愛好者に好まれている。頂上付近には島根県内でも有数のブナ原生林（樹齢100年生以上）や、サンカヨウ自生地がある。

また、山頂近くの森には、通称「タコ

（上）権現滝　（左）尾根筋のブナ林が水を蓄える
（中）冬はしっかりと深い雪に覆われる　（右）しっとりと濡れる雨後の森

ブナ」と呼ばれる奇怪な姿の巨樹がある。積雪による枝の雪折れが重なり、芽枝がたくさん出たためだともいわれる。山頂を中心とした一帯には、100年以上を経過したブナ、ケヤキ、サワグルミなどの巨木が林立する落葉広葉樹林帯となっており、四季折々豊かな表情を見せている。お勧めは、渓谷コースから滝見コースへの周回ルート。

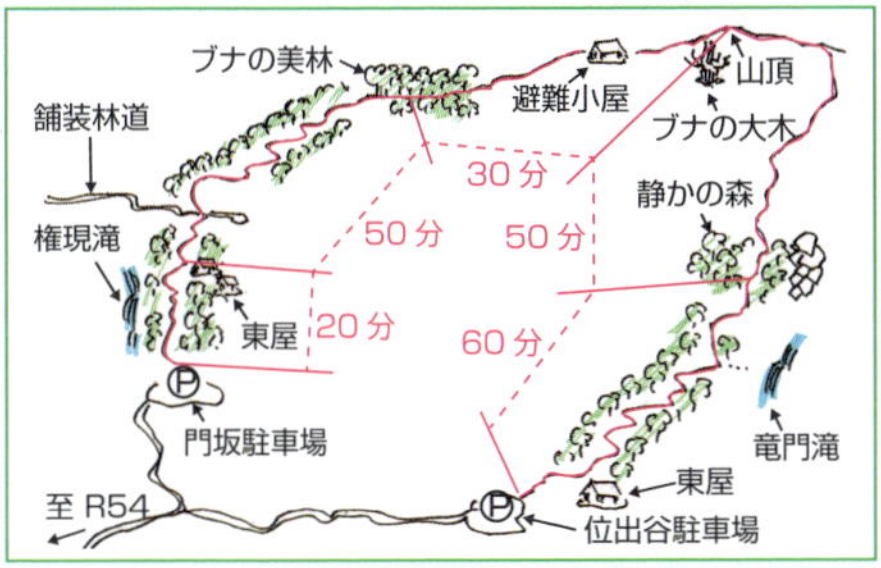

アクセス　中国自動車道・三次ICから、国道54号を経て登山口まで車で約80分

問い合わせ先　道の駅 赤来高原
☎0854-76-2007

（上）見事な秋景色
（下）裏匹見峡・入り口付近

清流・源流の沢筋

山辺 野辺 海辺 **川辺**

島根県

益田市

匹《ひき》見《み》峡《きょう》

74

西中国山地有数の渓谷美

コースデータ

徒歩総時間：**2.5 時間**　楽しめる期間：**4～11 月**
お勧めの季節：**盛夏、紅葉**　歩行距離：**約7.5 キロ**
標高：**326m（レストパーク）**　標高差：**50 ～ 100 m**

温泉データ

匹見峡温泉 やすらぎの湯
泉質：単純弱放射能冷鉱泉
所在地：益田市匹見町匹見イ 713　☎ 0856-56-1126

最寄りの施設

匹見峡レストパーク
☎ 0856-56-0341
裏匹見峡散策の入り口にある。キャンプ場やコテージの受付などのほか、峡谷の最新情報の入手も可能。地元の方の製作による木の器や、自然アート作品なども展示販売。

コースの特徴

全国的に水質の高さで有名となった高津川。その清流の上流部にある支流が匹見川である。匹見川が浸食して形成したのが、匹見峡一帯の渓谷である。言ってみれば、匹見峡を流れる水は、清流・高津川の供給源の1つである。その匹見峡は、「表匹見峡」「奥匹見峡」、そして「裏匹見峡」に分かれる。それぞれ異なる楽しみ方ができる、〝兄弟渓谷〟である。

より源流的な雰囲気を楽しみたい方には、奥匹見峡を勧めるが、一般の方には、表匹見峡と裏匹見峡がいいだろう。歩かずに車で観賞できるコースが全長4㎞の表匹見渓谷である。小沙夜という名の娘の悲恋伝説が残る小沙夜淵や、断崖絶壁が切り立つ屏風ヶ淵などのポイントがある。裏匹見峡歩きの準備運動として、軽く散策するにはもってこいの場所。清流の恵みを肌で感じられるコースは、やはり裏匹見峡であろう。

（上）平田淵
（左）落ち葉の似合う渓谷沿いの道　（中）表匹見峡　（右）秋には別世界となるキャンプ場

そのコースは、匹見峡レストパークから始まる。雨が降った後などは、レストパークで峡谷内の最新情報を入手してからスタートしたい。キャビン棟が並ぶ道を抜けて、赤い鉄の橋を渡る。右手の山沿いの細い道を道なりに20分も進むと、2番目の赤い橋を渡り、川の左岸（上流から見て左側）沿いに天狗の涼み岩までの往復コースである。

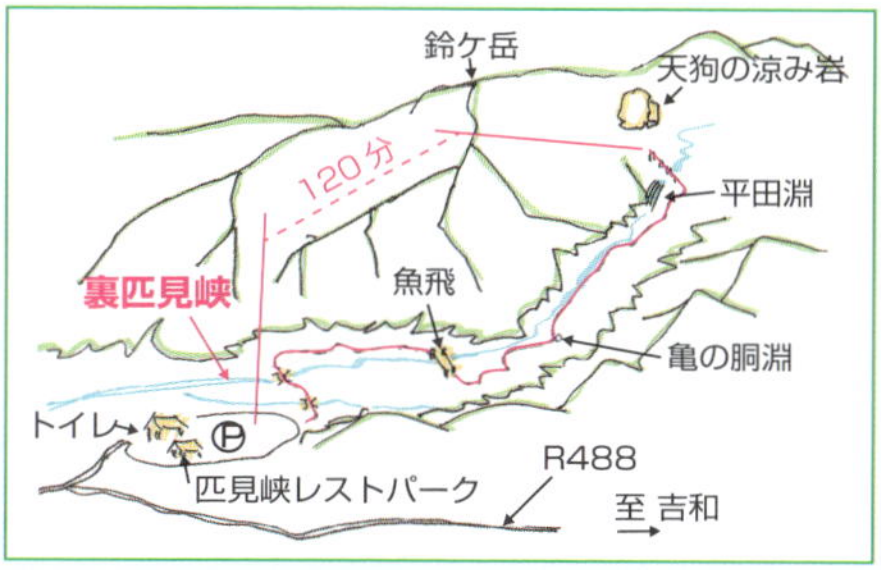

アクセス　中国自動車道・戸河内 IC から国道 191 号、県道 407 号経由、車で約 50 分

問い合わせ先　匹見町観光協会
☎ 0856-56-0310

清流・源流の沢筋

山辺　野辺　海辺　**川辺**

鳥取県

日野郡江府町

木《き》谷《たに》沢《ざわ》渓流

サントリー天然水のCMに使われた場所

75

夏は緑の樹海となる

コースデータ

徒歩総時間：**1時間**　楽しめる期間：**4～11月**
お勧めの季節：**盛夏、紅葉**　歩行距離：**約3キロ**
標高：**750m**　標高差：**50m前後**

温泉データ

休暇村 蒜山《ひるぜん》高原
泉質：単純弱放射能泉
所在地：岡山県真庭市蒜山上福田1205-281　☎0867-66-2501

最寄りの施設

道の駅 奥大山　☎0859-75-3648
物産館マルシェと、直売所みちくさ館、レストランLaSpoonなど施設は整備されている。「名水もち」「大山おこわ」「奥大山漬」など地元の農家や女性グループによる特産品などが並ぶ。トイレやバス停は24時間使用可能で、遅い時間帯からでも活用できる。大山の山麓で収穫された季節の山菜や農産物は、ここならではの土産となる。

コースの特徴

サントリーの天然水「奥大山」の故郷の山域を流れるのが、この木谷沢渓流である。天然水のコマーシャル・ロケ地にも選ばれるくらい、この渓流の静謐さを伴った美しさは折り紙つき。奥大山一帯は、広大なブナの森が広がる場所である。

日本海の湿った風によって多量の降雪が大山の山麓を白色に包み込む冬。ブナの木々は沈黙の中で雪解けの春を待つのである。その間にも森の下、地中深くでは清冽な天然水が豊富に蓄えられていくのである。そして、春の訪れとともに、山裾の集落へ、潤い豊かな風景への素材・天然水を送り出すのである。

奥大山を象徴するファクター、「ブナ」と「天然水」。その2つを凝縮したのが、この木谷沢渓流といっても過言ではないだろう。それだけに、木谷沢渓流は神秘的な風景に包まれ、五感で大山の神秘を感じられる場所である。四季折々、そこ

(上) 雨も似合う渓流筋
(左) 清冽な水の流れ　(中) 清流すぐそばの道を歩く　(右) 神秘的な水域でもある

には人の心を癒す不思議なパワーが宿るともいわれている。２０１１年の台風被害からも、地道な復旧活動もあり、見事に再生した森となっている。

　アプローチは、奥大山スキー場脇を目指す。スキー場手前のレストラン対面の駐車スペースが、渓流への入り口である。

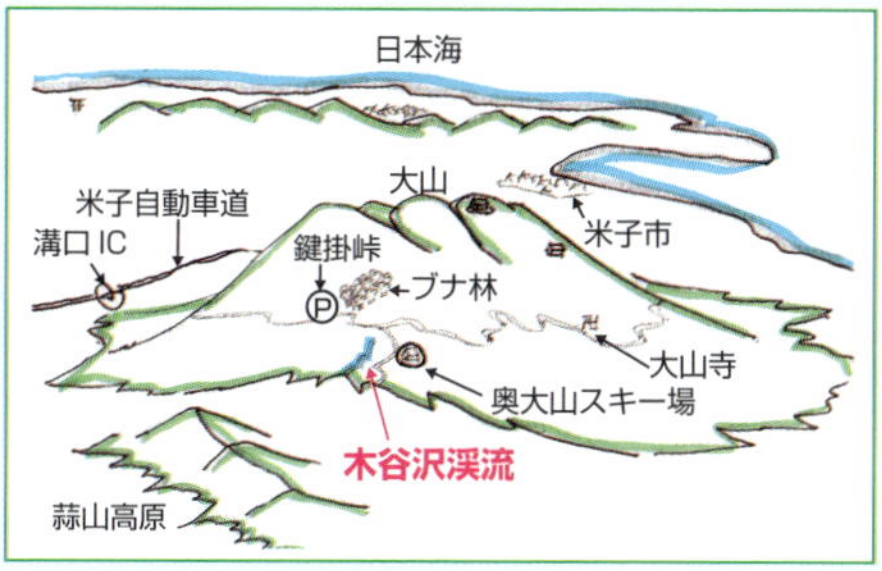

アクセス	米子自動車道・溝口 IC から桝水高原経由、車で約 70 分
問い合わせ先	江府町観光協会 ☎ 0859-75-6007

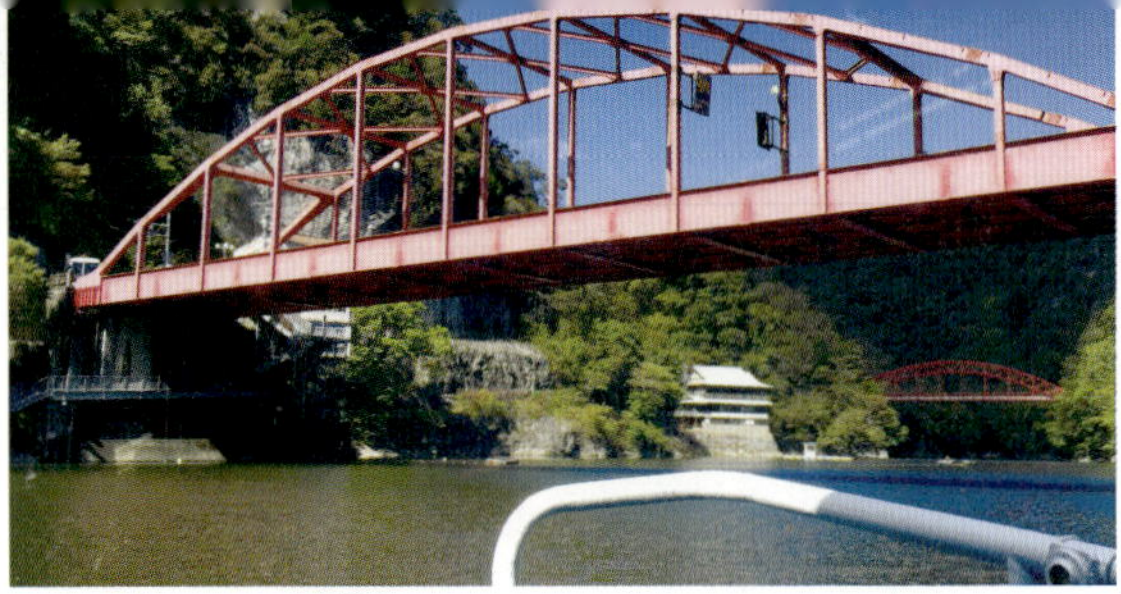

湖上に架けられた橋

湖・河川敷

山辺　野辺　海辺　**川辺**

広島県

庄原市・神石郡神石高原町

神《しん》龍《りゅう》湖《こ》

76

龍の姿に似ている湖の地形

コースデータ

徒歩総時間：**30分、遊覧船40分**　楽しめる期間：**4～11月**
お勧めの季節：**11月初旬～中旬の紅葉**　歩行距離：**約2キロ**
標高：**360m（ダム湖面）**　標高差：**ほとんど無し**

温泉データ

かんぽの郷 庄原さくら温泉
泉質：単純温泉
所在地：庄原市新庄町281-1　☎0824-73-1800

最寄りの施設

帝釈峡遊覧船
☎0847-86-0131
遊覧船の受付場所。船着き場の近くには、軽食や喫茶のできるスペース、トイレ、土産コーナーも。水陸両用車などのアクティビティに関する情報の入手や季節の旬情報も教えてくれる。

コースの特徴

神龍湖は、帝釈川ダムによって堰き止められた周囲24㎞、全長８㎞の人造湖である。現在は、中国電力が管理するこのダムの歴史は古く、１９２０年に、高梁川水系で開発を行っていた山陽中央水電が４年の歳月をかけ、１９２４年に完成させた。完成当時は、高さ56・９ｍと日本で最も高いダムだった。

湖水開きの行事が４月下旬に行われ、新芽が芽吹く頃から湖上遊覧シーズンが始まる。夏は涼を求めて、秋は錦繍世界を湖畔散策したり、湖上遊覧したりと、年間70万人が訪れる中国地方有数の観光地となっている。比婆道後帝釈国定公園の中心的存在でもあり、２００５年には、「ダム湖百選」に選ばれている。

この湖の楽しみ方には２通りある。１つは約40分かけての湖上遊覧である。畳敷きの座敷スペースもある遊覧船は、昭和レトロの雰囲気も味わえる。湖岸には

（上）湖畔沿いの遊歩道
（左）遊覧船乗り場　（中）帝釈ダム堰堤　（右）秋の湖畔は錦絵世界

思い出し岩、女男岩、蓬莱山、などの断崖や奇岩が連続して現れてくる。帝釈ダム堰堤では垂直に聳える太郎岩が圧巻。

２つ目は、湖上に架けられた３つの橋（紅葉橋、神龍橋、桜橋）を徒歩で30分かけて一周する楽しみ方である。特に秋の紅葉時期の湖畔散策は、思わず見惚れてしまい、歩を進めることが困難になるほどである。

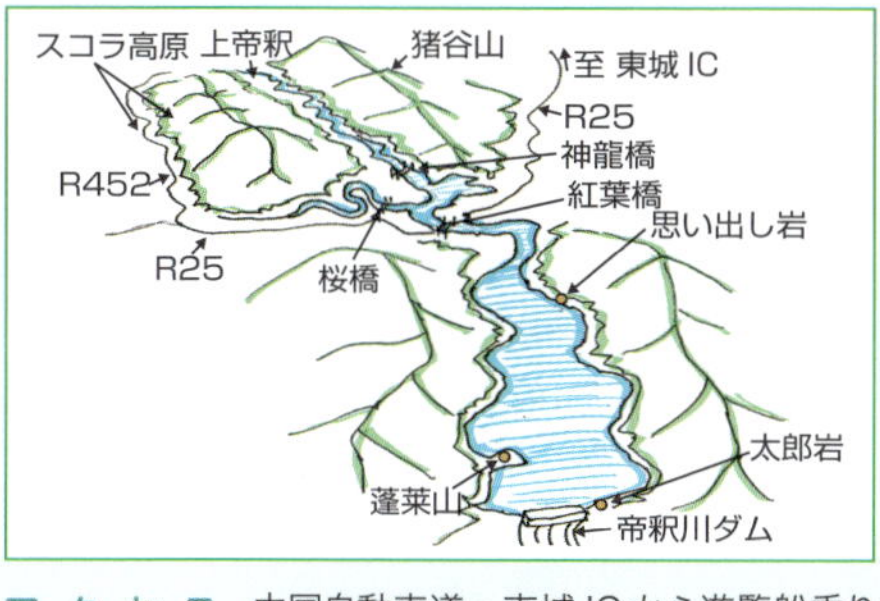

アクセス　中国自動車道・東城 IC から遊覧船乗り場まで、車で約 15 分

問い合わせ先　庄原市観光協会
☎ 0824-75-0173

聖湖に注ぐ清流

湖・河川敷

山辺　野辺　海辺　**川辺**

広島県

山県郡北広島町

聖湖《ひじりこ》 77

逆さ臥龍山を湖面に写す

コースデータ

徒歩総時間：**30 分**　楽しめる期間：**4～11 月**

お勧めの季節：**11 月初旬～中旬の紅葉**　歩行距離：**約2キロ**

標高：**750 m（ダム湖面）**　標高差：**ほとんど無し**

温泉データ

いこいの村ひろしま

泉質：セラミック温泉

所在地：山県郡安芸太田町松原 1-1　☎0826-29-0011

最寄りの施設

芸北 高原の自然館　☎0826-36-2008（冬期休館）

西中国山地に棲息するツキノワグマをはじめ、北広島町を中心とするブナの原生林、複数の湿原群・八幡湿原などの生物・植物などを展示。隣接する土地には、移築され保存されている地域の古民家もある。

コースの特徴

まず、聖湖という名前は、このダム湖の南西にある、１１１３ｍの標高を有する名峰・聖山《ひじりさん》に由来し、１９５８年に命名されている。その前年に、中国電力が発電用として、広島県の一級河川・太田川水系柴木川の最上流部に建設したのが樽床ダムである。このダム建設により、72戸の樽床集落が湖底に沈むことになった。

柴木川は三段峡の源となる清流であるので、聖湖は三段峡を流れる水の母親といってもいいだろう。樽床ダムは、太田川本川の立岩ダム、滝山川の王泊ダムと共に「太田川三ダム」と総称されるほど、その規模の大きさでも知られている。湖の周囲は27㎞もあり、湖面には大小7つもの小島が浮かんでいる。

人造湖とはいえ、湖岸の樹林帯と周囲の野山が織りなす秋景色や、四季折々に表情を変える秀峰・臥龍山の姿を湖面に

(上) 逆さ臥龍山を湖面に写す　(左) 聖山の登山口も湖畔にある
(中) 湖畔にある正直村にて　(右) 湖畔から望む臥竜山

逆さに写す美しさには見惚れてしまう。湖畔には、広島県営聖湖キャンプ場も備えられ自然に親しむ空間が形成されている。

※湖底に没した樽床集落及び周辺地域で、ダム建設当時に収集された生活用具を収蔵展示している芸北民俗博物館は、内部改修工事のため平成29年4月25日まで一時休館中。

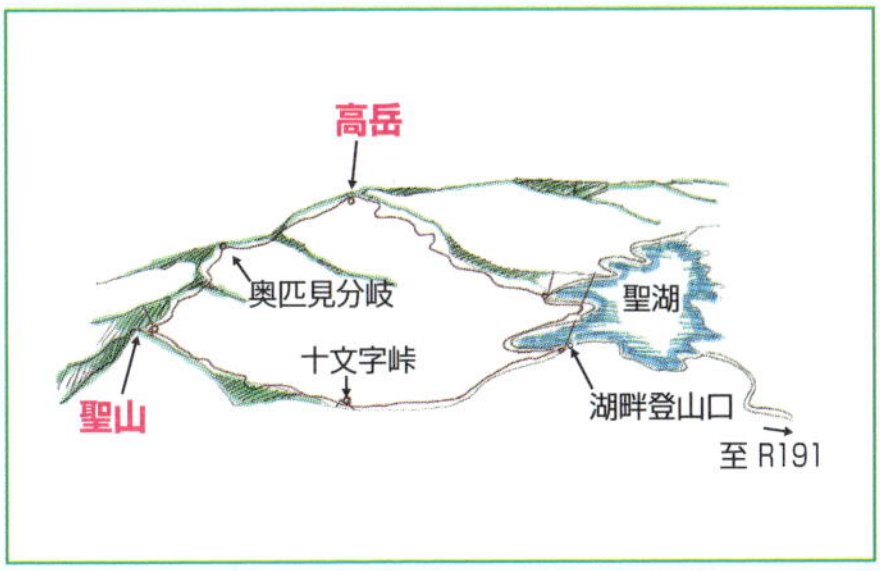

アクセス	中国自動車道・戸河内ICから国道191号を経て、車で約30分
問い合わせ先	北広島町観光協会芸北支部 ☎0826-35-0888

（上）村を流れる小川
（下）情緒ある店構え

湖・河川敷

山辺 野辺 海辺 **川辺**

岡山県

真庭郡新庄村

新庄川《しんじょうがわ》

78

出雲街道の旅人を癒した水辺

コースデータ

徒歩総時間：**1時間**　楽しめる期間：**通年**
お勧めの季節：**4月桜開花時**　歩行距離：**2〜3キロ**
標高：**470 m（河川敷）**　標高差：**ほとんど無し**

温泉データ

下《しも》湯《ゆ》原《ばら》温泉 ひまわり館
泉質：アルカリ性単純温泉
所在地：真庭市下湯原 24-1　☎ 0867-62-7080

最寄りの施設

道の駅 メルヘンの里新庄（トイレ・駐車場・レストランあり）
☎ 0867-56-2908
宿場町の雰囲気を残す新庄宿の中心部には、車を停める場所が少ない。道の駅に駐車し、周辺の情報コーナーで地図などでコースを確認したい。食事や旬の野菜などを購入する楽しみも。

コースの特徴

河川敷というのは、どこか無機質感が漂うものである。しかし新庄川の河川敷からは、そんな人工的な冷たい感触を体感することはない。のどかさと温かさにあふれており、車で通過するだけでは、もったいない場所である。それは、この河川敷が所属する自治体・新庄村が、岡山県でも2つだけ残っている村の1つであることと深く関係している。

2015年現在、全国で「村」が付く自治体は180強しか残されていない。しかし、それぞれの土地からは、現代人の忘れつつある「柔らかな風土感」を感じさせてもくれる。人口800人強の新庄村においても、その「柔らかな風土感」が、河川敷のみならず、小さな町のそこかしこに残されている。この村を紹介する際には数多くの冠・タイトルがある。

林野庁が選出する「水源の森百選」に村内の毛無山ブナ林が、環境省が選定し

(上) どこか温かさを感じる河川敷
(左) 趣ある家が軒を連ねる　(中) 橋を渡って中心部へ　(右) 街道筋にある旧家内部

た「日本のかおり風景百選」には毛無山のブナとカタクリの花、「音風景百選」には旧宿場町内を流れる小川のせせらぎがリストアップされている。

さらには、NPO法人・日本で最も美しい村連合が「美しい景観づくりの継承活動地」として、岡山県から唯一この村を選んでいる。道の駅「メルヘンの里新庄」を起点として河川敷、村内を巡ろう。

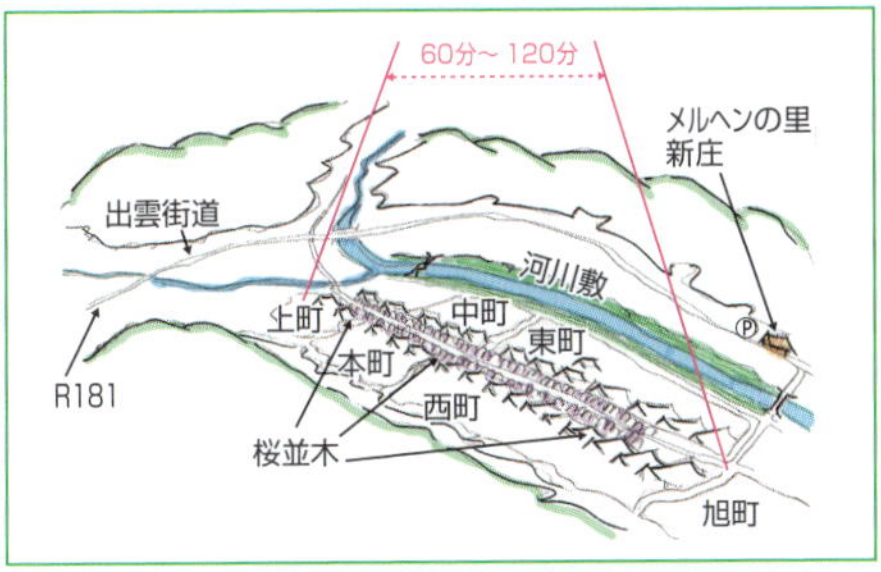

アクセス　米子自動車道・湯原ICから県道湯原美甘線を経由、新庄村中心部まで車で約30分

問い合わせ先　新庄村役場産業建設課
☎0867-56-2628

湖・河川敷

山辺 野辺 海辺 川辺

島根県

大田市・飯石郡飯南町

三《さん》瓶《べ》山《さん》・室《むろ》の内《うち》 79

ハート型の姿をしている天空の池

ハート型をしている室の内池

コースデータ

徒歩総時間：**3時間**　楽しめる期間：**5～11月**
お勧めの季節：**10月下旬～11月初旬**　歩行距離：**約4キロ**
標高：**903m（孫三瓶山）**　標高差：**400m前後**

温泉データ

国民宿舎さんべ荘
泉質：ナトリウム塩化物泉
所在地：大田市三瓶町志学２０７２　☎0854-83-2011

最寄りの施設

道の駅 赤来高原　☎0854-76-2007
広島・岡山・四国方面からのアプローチ途上にある道の駅。旅案内コーナーが充実。周辺の魅力ポイントを知り尽くした「旅のコンシェルジュ」が、地元でしか得られない貴重な情報を惜しげもなく提供してくれる。三瓶ハイキングや登山などの着地型ツーリズムプログラムも充実。登山地図も入手可。

コースの特徴

室の内池は、三瓶山が最後に噴火した時（約３７００年前）の火口部分に位置している。その噴火口に、雨水や地下水が溜まった火口原湖であり、水の出入する川はなく水位に大きな変化はない。三瓶山外周縦走路のとある地点から見ると、池の姿がハート型に見えることから、最近、若い男女に人気が出てきている場所でもある。

特に秋は、カルデラのすり鉢状底部分から、周囲の紅葉する山斜面をグルッとひと眺めできる絶好の鑑賞地点となる。池の水面に、岸辺の錦秋模様が映るのも見逃せない。この錦絵のような秋景色の序章は、歩きはじめの大平山付近から始まる。孫三瓶山への尾根筋では、黄葉の木々とササの緑がやさしいハーモニーを奏でている。孫三瓶山から室の内への下り道では、重なる落ち葉と風に揺れるススキの穂が加わり、秋気配の旋律がしだ

（上）秋の水辺
（左）室の内池周囲　（中）室の内へと下る道　（右）三瓶山縦走路

いにクレッシェンドしていく。

カルデラ湖の岸辺に佇み周囲を見渡すと、そこでは色彩美世界の交響曲がクライマックスを迎えている。湖畔に置かれた簡素なベンチに腰を下ろして、しばしの安息の時間をつくりたい。小さな風が吹くたびに、色とりどりの落ち葉が湖面を繊細に染めていき、いつの間にか小一時間が過ぎているだろう。

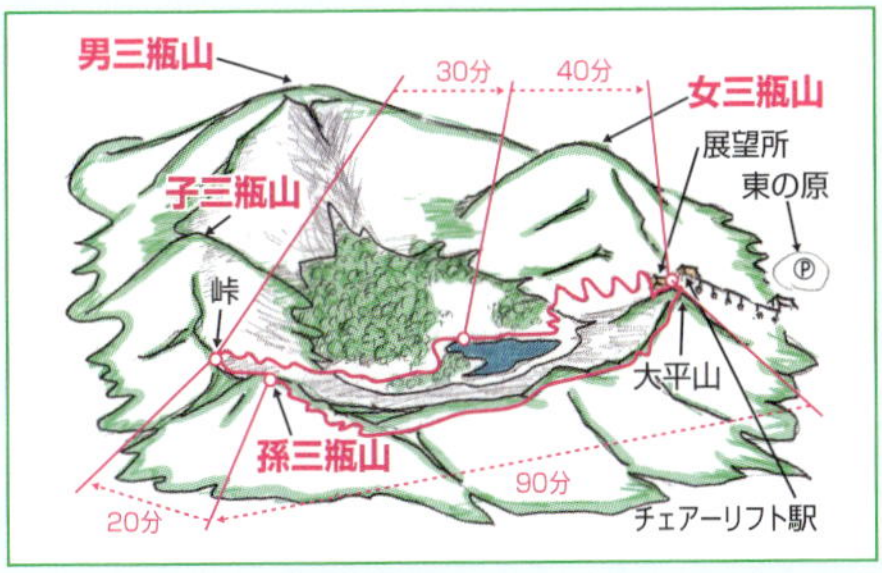

アクセス　中国横断自動車道尾道松江線・吉田掛谷ICから国道54号、県道40号経由、車で約50分

問い合わせ先　大田市観光協会
☎0854-88-9950

広島県安芸高田市・三篠川河川敷

湖・河川敷

山辺　野辺　海辺　**川辺**

広島県・島根県

広島県広島市ほか・島根県雲南市ほか

桜並木の河川敷

80

桜の名所や穴場スポットを紹介

コースデータ

徒歩総時間：**30分（※そぞろ歩きで）**
楽しめる期間：**3月末～4月中旬**
お勧めの季節：**各地とも4月初旬**
歩行距離：**※各地による**
標高：**※各地による**　標高差：**ほとんど無し**

その他お勧めする水辺の桜名所

岡山県／①倉敷市・酒津公園②高梁市・紺屋川美観地区
広島県／三次市尾関山公園
鳥取県／①鳥取市・袋川桜土手②西伯郡南部町・法勝寺川土手
島根県／松江市・玉湯川堤
山口県／①岩国市・錦帯橋界隈②萩市・川島堤

コースの特徴

桜の名所といわれる場所は各地に存在する。そのすべてを紹介する訳にはいかないので、この項では、特に河川敷や水辺の桜並木について、名所や穴場的場所の幾つかを列記してみよう。

まずは広島市内を流れる太田川沿いの河川敷を紹介しよう。ＪＲ横川駅から南へ行き、新横川橋南詰の交差点を左に折れる。本願寺広島別院の東側沿いの道を平和公園へと向かう。広い河川敷の両サイドに桜の並木が連続していく場所が近づいてくる。河川敷には休憩できる小さなベンチなども設置されている。特に河川敷西側からの眺めは一見の価値がある。

広島県内での穴場的な水辺の桜鑑賞地は、安芸高田市の三篠川沿いの河川敷と安芸太田町の太田川河川敷である。安芸高田市の河川敷は、向原から広島市内井原市にかけてのエリア。安芸太田町では戸河内インターを降りて左手である。

（上）島根県三刀屋の桜並木　（左）島根県・飯梨川の河川敷
（中）広島市内・太田川河川敷　（右）広島県安芸太田町・太田川河川敷

島根県では雲南市の三刀屋にある河川敷が有名。ここは日本さくら名所１００選にも認定されている斐伊川堤防沿いとともに知られる。意外に知られていない穴場が、安来市広瀬にある月山富田城跡近くの飯梨川河川敷である。月山富田城跡も桜の名所として名高いので、桜時期の山城歩きとセットで歩きたい場所である。

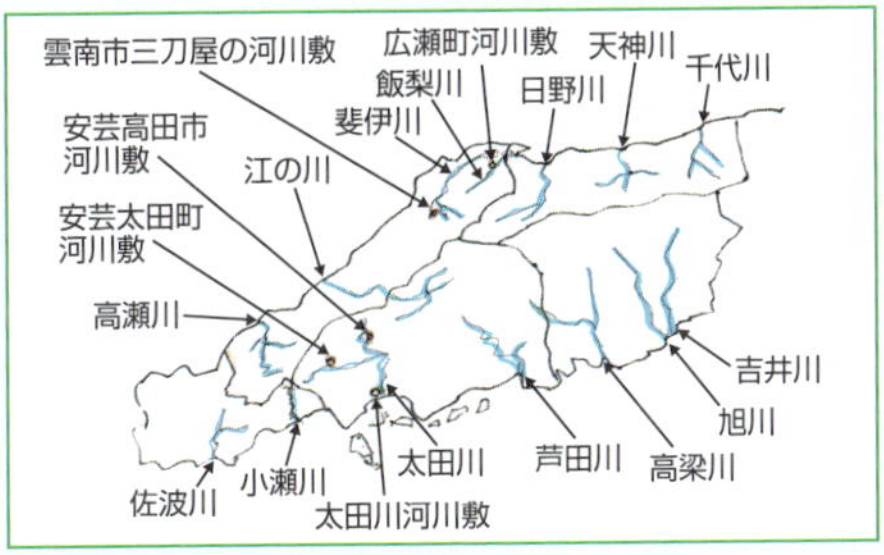

各地の問い合わせ先

- ●広島市内　広島市観光案内所（平和記念公園レストハウス内）☎ 082-247-6738
- ●広島県安芸太田町　安芸太田町役場商工観光課 ☎ 0826-28-1961
- ●広島県安芸高田市　安芸高田市観光協会 ☎ 0826-46-7055
- ●島根県雲南市　雲南市観光協会 ☎ 0854-42-9770
- ●島根県安来市　安来市観光協会 ☎ 0854-23-7667

「辺＝ほとりの風景」

山辺の風景

左上から（以下同）
高千穂峰（宮崎県・鹿児島県、5月）　秋田駒ヶ岳（秋田県・岩手県、6月）　立山連峰（富山県、8月）
北アルプス・涸沢カール（長野県、9月）　大雪山（北海道、9月）　六甲山麓からの夜景（兵庫県、12月）

野辺の風景

長谷寺（奈良県、5月）　九重山麓・長者原（大分県、8月）　中山道・馬籠宿（岐阜県、9月）
羽黒山（山形県、9月）　美瑛の丘（北海道、9月）　大内宿（福島県、10月）

日本各地の

海辺の風景

小笠原諸島・父島(東京都、3月)　対馬のリアス式海岸(長崎県、6月)　佐渡島の夕陽(新潟県、6月)
日本最北端・稚内(北海道、6月)　空からの沖縄(沖縄県、8月)　瀬戸内海の夕暮れ(愛媛県、11月)

川辺の風景

池田湖畔(鹿児島県、5月)　然別湖(北海道、7月)　黒部ダム(富山県、8月)
高千穂峡・天岩戸(宮崎県、9月)　田沢湖(秋田県、9月)　奥入瀬渓流(青森県、10月)

清水正弘（しみず・まさひろ）

1960年兵庫県姫路市生まれ。「健康」と「山歩き」「旅」のプロとして国内外での「健康・養生歩きプログラム」を企画監修し同行もする。また、紀行映像作家として旅エッセイやガイド本、国内外の記録映像を発表・公開したりするマルチ分野の行動人。その行動範囲は世界の屋根ヒマラヤ、北極点や南極大陸、タクラマカン砂漠やニューギニアの密林などの大自然からマチュピチュ遺跡などの世界遺産群、そして国内の里地里山までとグローバルとローカルの双方向に展開している。現在は、健康ツーリズム研究所の代表として、自然環境下（日本の里地・里山・里森・里川など）における、歩行を軸とした健康開発プログラムの研究や実践、健康ツーリズムの地域活性化への寄与プログラムなどの開発ならびに自治体へのコンサルタント業務も行っている。
広島県安芸太田町筒賀在住。

健康ツーリズム研究所・代表、鍼灸師、日本統合医療学会会員、日本山岳ガイド協会認定ガイド（登山ステージⅡ）、同志社大学探検会・山岳会会員。

ため息を深呼吸に変えてみませんか？

人は大いなるものに相対したとき、胸いっぱいに空気を吸い込んでしまうことがあります。おのずと起こる深呼吸です。相手は、ヒマラヤの高峰のような大地の造形物であることもあれば、歴史的な大伽藍のように先人たちが残してくれた偉大な遺産であることもあります。日々の疲れが生み出すため息を、身体の奥底までがリフレッシュされる深呼吸に変えてくれる、そんな場所こそがわたしたちの旅の目的地なのです。「手づくり」感覚での「健康づくり」「思い出づくり」「仲間づくり」「生きがいづくり」の活動を楽しんでみませんか。深呼吸クラブは、日頃の『ため息』を『深呼吸』に変える場所へ誘う、自然歩きと旅の愛好者クラブです。著者である清水正弘氏が代表を務めている。ホームページは、www.shinkokyu.info

問い合わせ先：健康ツーリズム研究所内・深呼吸クラブ事務局
〒733-0011　広島市西区横川町3-5-9-401　082-231-3291
入会の案内：郵便振替口座：01320-5-82168　口座名義：深呼吸クラブ　まで。
入会金5000円と年会費3000円（小計8000円）をお振込みください。

中国5県
山辺・野辺・海辺・川辺への道 80コース

発行／2016年5月1日　初版　第1刷

文・写真・地図／清水　正弘
発　行　者／西元　俊典
発　行　元／有限会社 南々社
〒732-0048　広島市東区山根町27-2
TEL 082-261-8243　FAX 082-261-8647
印刷製本所／株式会社 シナノ パブリッシング プレス

●カバーデザイン／スタジオ キブ　●本文DTP／濵先貴之（M−ARTS）
●地図DTP／岡本善弘（アルフォンス）

*定価は裏表紙に表示しています。

ISBN978-4-86489-049-6